全国教育科学“十二五”规划2012年度课题
“中国农村初中生英语学习动机减退研究”
（编号：EHA120375）课题组构成

负责人：

刘宏刚（博士，东北师范大学外国语学院硕士研究生导师）

参与人（排名不分先后）：

徐　浩（博士，北京外国语大学中国外语教育研究中心专职研究员，硕士研究生导师）

周慈波（硕士，宁波大学国际交流学院副教授，硕士研究生导师）

朱神海（硕士，广西师范大学外国语学院副教授，硕士研究生导师）

应　斌（中学二级教师，西南大学附属中学英语教师）

语言学研究新视界文库

全国教育科学“十二五”规划2012年度课题“中国农村初中生英语学习动机减退研究”
（编号：EHA120375）成果

中国农村初中生英语学习动机减退影响因素：

基于中西部地区的实证研究

刘宏刚◎著

中国出版集团
世界图书出版公司
广州·上海·西安·北京

图书在版编目（CIP）数据

中国农村初中生英语学习动机减退影响因素：基于中西部地区的实证研究 / 刘宏刚著. —广州：世界图书出版广东有限公司，2014.5

ISBN 978-7-5100-7915-3

Ⅰ. ①中… Ⅱ. ①刘… Ⅲ. ①农村学校—初中生—英语—学习动机—现状—研究—中国 Ⅳ. ①G633.412

中国版本图书馆 CIP 数据核字（2014）第 094152 号

中国农村初中生英语学习动机减退影响因素：基于中西部地区的实证研究

责任编辑 宋 焱
出版发行 世界图书出版广东有限公司
地 址 广州市新港西路大江冲 25 号
http:// www.gdst.com.cn
印 刷 虎彩印艺股份有限公司
规 格 710mm × 1000mm 1/16
印 张 9.25
字 数 200 千
版 次 2014 年 5 月第 1 版 2014 年 10 月第 2 次印刷
ISBN 978-7-5100-7915-3/G · 1619
定 价 30.00 元

前　言

学习动机减退研究始于20世纪90年代初，美国研究者Gorham和他的团队在研究教师课堂不当行为（misbehavior）的过程中，发现教师的某些行为不当可能造成学生在学习时的动力不足。1993年，Chambers首次将动机减退研究引入外语教育领域，此后学者们纷纷围绕哪些因素会导致学生动机减退展开了量化和质性研究。然而，有关中国大陆学生英语学习动机减退的研究则起步较晚，直到2009年，学界才有专门针对动机减退的相关研究综述发表（详见刘宏刚2009）。2010年，胡卫星和蔡金亭在《外语教学》上发表的《英语学习动机减退的模型构建》一文，拉开了国内英语动机减退实证研究的序幕。此后几年中，中国应用语言学研究者围绕不同层次学生的英语动机减退问题展开了系统性研究，但其中有关中学生的探索并不多，社会因素（如父母的智力投资、经济支持，同伴影响等）对学生动机减退的影响并未引起相应重视，大部分研究没有汇报问卷的信效度等指标。这些都是动机减退研究发展中可能出现的问题，也是未来研究应该给予关注的方面。

本书是刘宏刚主持的全国教育科学“十二五”规划2012年度课题“中国农村初中生英语学习动机减退研究”（编号：EHA120375）成果。该课题于2012年12月立项至今，完成了两次大规模的预测和最后的实测，共涉及全国6个省、2个自治区和1个直辖市的近6 000名初中生。本研究提出了由社会环境、教师、学习者和学习环境构成的四维度动机减退影响因素模型，通过探索性因子分析（Exploratory Factor Analysis，EFA）和验证性因子分析（Confirmatory Factor Analysis，CFA）相结合的方法，对理论模型进行了验证。本研究通过对城乡初中生数据的对比分析，凸显了造成农村初中生英语学习动机减退影响因素的差异，为教师帮助学生恢复动机（remotivation），进而为提高农村学生英语学习质量提供了有益参考。

本书对从事动机减退研究的老师、研究生有一定的参考价值。我希望能与国内同仁交流研究体会，携手促进国内动机减退研究的纵深发展，为学生英语学习动机的提升以及英语学习质量的提高尽一份绵薄之力！

刘宏刚

2014 年 3 月

目　录

表

图

第1章 引 言

中华人民共和国教育部（2001）颁布的《义务教育英语课程标准（2001版）》（简称《新课标》）开启了新一轮课程改革的序幕，强调城乡英语教育的均衡发展成为改革的重点之一，在10多年的改革进程中，农村中学的英语教学状况得到了较大改善，并取得了一定的成绩（王琦、丁喜 2001），但不容忽视的是，农村中学英语教学中还存在很多制约学生发展的因素。英语教学条件差、“一本书、一支粉笔，最多加一台录音机”所反映的现代化教学设备普及程度不够、班级容量过大以及英语师资水平亟待提高等问题依然困扰着农村英语教育（陈莹莹 2004；罗运春 2006）。此外，有研究表明，家庭环境较差对学生英语学习也有一定的负面影响，如学生缺少家长在英语学习上的智力支持（如辅导英语）（陈莹莹 2004）。这些问题都可能导致学生在英语学习上动力不足，这也正是本研究所要关注的中心——哪些因素导致农村初中生英语学习动机减退？

有关动机减退的研究肇始于20世纪90年代初Gorham和他的同事们在传播学导论课程中进行的相关研究。Chambers（1993）率先在外语教学领域开始动机减退研究，随后Oxford（1998）、Ushioda（1998）、Dörnyei（1998a）开展了相关的实证研究。进入21世纪，二语/外语教学领域的动机减退研究重心从欧美转向了亚洲，越南、日本学者开展了日本英语学习者学习动机减退研究（如 Ikeno 2002; Falout & Maruyama 2004; Hasegawa 2004; Kojima 2004; Tsuchiya 2004a,2004b,2006a,2006b; Trang & Jr. Baldauf 2007; Falout, Elwood, & Hood 2009; Kikuchi 2009; Kikuchi & Sakai 2009; Sakai & Kikuchi 2009）。针对中国大陆学生英语学习动机减退的实证研究始于 2010 年，最近几年发展尤为迅速，取得了一定的成果（如胡卫星、蔡金亭 2010；周慈波、王文斌 2012 等），但研究的对象多集中于在校大学生，针对中学生的研究并不多。据我们对 2010—2014 年 3 月 CNKI 上收录的相关文献的检索，CSSCI 和北京大学核心期刊上均没有关于中小学生英语学习动机减退的论文，也没有关于具有农村和城市不同背景的大学生在动机减退影响因素差异性方面的相关成果。《国家中长期教育改革和发展规划纲要（2010—2020 年）》（以下简称《纲要》）[1] 强调要“巩固提高九年义务教育水平”，这凸显了义务教育的重要作用，作为研究者有必要关注基础英语教育的状况，关注初中生的英语学习现状。此外，据统计，截至 2010 年，县、镇普通初中生的总人数是 4 216.89 万，城市普通初中生的总人数是 1 059.02 万，农村初中生的总人数占全国初中生总人数的 79.93%（邬志辉、秦玉友 2012）。因此，关注农村初中生的英语学习动机减退，对帮助他们恢复英语学习动力，增强他们的英语学习兴趣，提高他们的英语学习质量，进而提高全国初中生英语学习水平有重要意义。

本书正文部分共 6 章，以“理论 — 设计 — 实证 — 结论”为基本线索。第 1 章介绍了本项目的研究背景。第 2 章从对动机减退的概念剖析入手，依次综述了 Gorham 等人的开创性研究，Chambers 等人在外语环境下的实证研究，日本、越南以及中国大陆研究者开展的在外语学习环境下的动机减退研究。第 3 章是本项目的总体设计，依次介绍了研究的理论模型、抽样、数据处理方法和如何筛选有效数据。第 4 章和第 5 章分别详细汇报了本项目的两次预

[1] http://www.gov.cn/jrzg/2010-07/29/content_1667143.htm.

研究和最后的正式研究的相关结果。第6章对全书内容进行了总结，提出了本研究在理论和实践方面的启示，指出了研究的不足。附录部分，我们对国内外有关文献进行了分类整理，提供了本研究从预测到实测所用的问卷全文以及与之相关的所有数据（如题项的峰度、偏度值，因子各维度的内在信度值等）。

本书汇报了本项目在中西部地区学校里的调研结果，在其他地区里的情况将另文详述。在本研究所调查的地区中，村一级的行政区划中很少设置初级中学，学生多集中在县、镇一级的地区接受初中教育，因此本书中“农村”一词用来指代县城、镇初中，“城乡”分别指代城市和县、镇。

第 2 章　文献综述 [1]

本章将从"demotivation"的定义、国内外相关实证研究两个方面对已有研究进行综述，最后对其研究进行总结和评价。

2.1 Demotivation 的概念

研究人员对"demotivation"比较关心是因为它与语言学习的失败有着非常密切的关系（Hasegawa 2004, p. 122）。对于学生动机下降甚至缺失这种现象，学术界分别用两个词来形容，"demotivation"和"amotivation"。然而，二者无论是从构词法上还是从实际含义上来讲，都存在着较大的差别。

"amotivation"的前缀"a"，是"没有、缺失"的意思。这个概念是由 Abramson 等人在 1978 年提出的。他们认为动机丧失可以看成由于外部环境而造成的个体的"无助"(helplessness)，从而使个体失去做事情的动力（Deci & Ryan 1985）。Deci & Ryan（1985）认为当人们意识到"不可能"或者"我不行"的时候，他们做事就会缺少动力。他们认为，人们最开始做事情的时

---

[1]　本章是在刘宏刚（2009）的基础上扩展而成的。原文的撰写得到了导师高一虹教授的悉心指导；北京外国语大学中国外语教育研究中心许家金教授、外交学院英语系许宏晨副教授对原文的修改提出了宝贵建议；日本大学的 Joseph Falout 博士和 Hideki Sakai 博士赠送了相关论文；天津外国语大学日语学院刘泽军老师、北方交通大学语言与传播学院英语系夏登山博士协助查找了相关资料，在此一并致谢。本章主要在原文的基础上增加了最新的国内外文献，扩充了所引文献的具体内容，深化了对以往研究的评价（即本章 2.6 小节）。

候是有兴趣的，但是由于个体在自身面对一项任务的时候可能会感受到一种力不从心（incompetence）和无助（helplessness），这就会使他们的动机丧失。由此可见，不论是从构词法上讲还是从实际含义上讲，"amotivation"都是指原有的动机由于行为者出于外部原因而对自身能力的否定，从而失去了动机，因此我们将"amotivation"理解为动机缺失。

"demotivation"中的前缀"de-"有"去……"的含义，可以理解为原有的动机被去掉了，但并不意味着原有动机的完全丧失，而只是一定程度的下降。"动机减退更关注一系列外部力量，它们会削弱行为意向（behavioral intention）或者是某种正在发生的行为的动机基础"（Dörnyei 2001, p. 143），它也关注内部因素在外部因素的影响下造成的动机下降。对于具有动机减退的学习者来说，他们"曾经有强烈的学习动机，但是由于某种原因失去了这种兴趣和投入"（Dörnyei 2001, p. 143）。Zhang（2007）将动机减退定义为一种能够减弱学生学习劲头（energy）的力量（Zhang 2007, pp. 213-214）。

综上所述，我们认为，动机减退是由于外部因素的负面影响而直接导致的动机下降或者是由于外部因素引起内部因素的负面变化而导致的动机下降。动机减退既指一个过程，即动机的衰退 / 下降过程，有时也可以指动机下降后的状态，即低动机状态。这种描述基于前人的研究结果，同时也考虑到了动机、动机减退和低动机之间的关系：动机水平降低为零的时候，即动机缺失，如果有"一些积极的力量（motive）可能还会继续存在"（Zhang 2007, pp. 213-214），那么就是动机减退（见图 2-1），动机减退研究是动机研究的一部分。

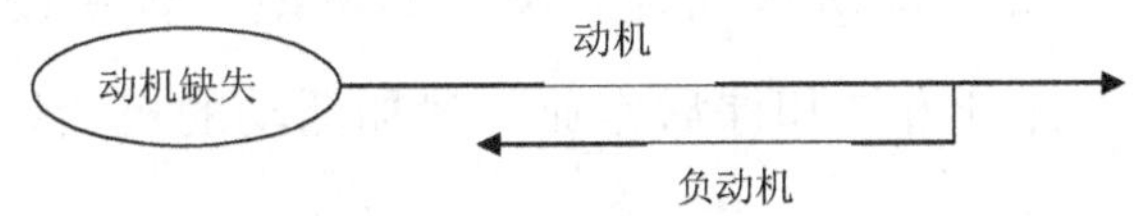

图 2-1　动机、动机减退和动机缺失的关系图

国内研究者对于"demotivation"的翻译有学习者动力不足（蔡金亭

2008：D16）、动机减退、动机削弱、动机缺失、负动机、动机衰竭、动机减弱、动机衰和去动机等。我们认为，术语的翻译应该遵循准确和清晰表述的原则，即在准确理解原意的基础上将术语用清晰的母语表达出来。根据对定义的理解，我们认为动机缺失和动机衰竭对应的英文术语应该是“amotivation”；而去动机、动机衰和负动机虽然忠实于“demotivation”的描述，但不易理解，因此，我们认为翻译为动机减退 / 削弱 / 减弱 / 消退更为适宜。本书用动机减退来指代“demotivation”，用动机减退因素 / 因子来指代“demotivator”。

2.2 Gorham 等人的开创性研究

Kearney, Plax, & Burroughs（1991）在对大学生学习归因的研究中发现，学生在自己学习动力减退的时候倾向于将减退的原因归咎于老师，该研究对 Gorham 等人的系统研究有较大启发。

Gorham & Christophel（1992）在教育学领域里率先开展了动机减退研究。他们的研究围绕 4 个问题而展开：学生认为大学课堂里：①有哪些动机因素（motivators）[1]？②存在哪些动机减退因素？③教师的哪些行为促进或者阻碍他们的学习？④教师的哪些行为最能影响他们的动机 / 动机减退？ 308 名学习传播学导论课的 1—4 年级大学本科生（男 115 人，女 193 人）自愿参加了该项研究。该研究采用问卷方式进行，被试需要根据自己距离填写问卷时最近的一堂课的情况如实填写问卷。经过对 2 404 个问题答案的逐级编码，研究者归纳出影响学生动机和动机减退的 3 个因素：学习者学习心理因素[2]（即对任课教师、课程、教材的态度和学生个人的心理、生理状况）、环境因素（structure/format，即班级的硬环境，如班型、教室设备等；课堂的组织和材料的使用；计分方法和课后作业；参加活动的机会以及对教材的看法

[1] 与动机减退因素“demotivator”对应的是动机增强因素“motivator”，简称“动机因素”。

[2] 原文使用的是“context”一词，但根据原文献所述，该因素所包含的具体内容与态度、情感相关，因此翻译为“学习者学习心理因素”。

和周围同学的举动）和教师因素（teacher，即教师的个人业务能力、个人特点、人格魅力等）。其中教师因素在影响学生动机和动机减退的 3 个因素里面都排到了第一位，且二者相差无几（45% vs 43%），22% 的学生认为老师的言行对他们动机减退有很大的影响。环境因素更容易让学生产生动机减退（36%）。该研究的结果和 Kearney, Plax, & Burroughs（1991）的发现类似，即学生更愿意将自己在学习上的动力归结于自己对学科的喜爱，希望能得到好的学业成绩等；而当他们的学习动机减退的时候，他们倾向于将这些责任归咎于老师。

为了进一步调查动机和动机减退产生的原因以及动机减退与教师课堂表现之间的关系，Christophel & Gorham（1995）采用 Gorham & Christophel（1992）所用问卷，选取美国两所高校 1—4 年级的 319 名本科生，对学生眼中的大学课堂里，哪些教师的课堂行为最能激发或削弱学生的学习动机进行了为期 16 周的研究，在第 3、4 周和第 12、13 周进行了前后两次问卷调查。在填写问卷的时候，学生们要以距离答题当刻最近的一次课作为参照。研究结果发现：①学生们更倾向于将教师不当教学行为作为他们动机减退的原因。②学习者学习心理因素对动机的影响减弱，而教师行为对学生动机的影响相对增强。这一结果与 Gorham & Christophel（1992）的研究结论一致。

Gorham & Millette（1997）在 Gorham & Christophel（1992）、Christophel & Gorham（1995）的基础上，使用相同的问卷对教师和学生进行了开放性问答，结果显示：教师认为学生学习动机减退的主要原因是学生自身的问题，如缺少对相关知识和技能的储备等。而学生认为他们学习动机减退的主要原因是老师教学行为的问题，主要表现在以下 4 个方面：老师的展示性技能太差，缺少激情，在学习资料的选择上大包大揽，缺少对学生自主学习能力的培养。

Zhang（2007）选取来自美国、中国、德国和日本的 695 名大学生，对以下两个问题进行了研究：①不当的教师行为与学生学习动机之间是否存在负相关。②学生认为哪些不当的教师行为对他们的动机减退影响最大。该研究对教师不当教学行为、学生情境动机和动机减退进行了问卷调查。验证性因子分析结果显示，教师不当教学行为由教师能力差、对待学生态度蛮横和教师不思进取3个维度组成。单因素方差、多元回归和相关分析结果显示：①在不同文化的背景里，教师的不当教学行为具有相似性，其中最具共性的是教师能力差。②动机与不当的教学行为之间呈显著负相关，其中中国学生组的相关系数最低。

以上研究是在教育学领域内开展比较早的动机减退研究。研究者采用问卷调查或者开放性问答的方式，着眼于教师课堂行为与学生动机因素、动机减退因素之间的关系，结果具有一定的相似性：在学生眼中，教师因素是主要的动机减退因素，主要体现在教师的课堂行为上，例如教师的展示性技能不熟练、缺乏激情、对学生缺少关心等。另外，学习者自身对于课程、教材和学习内容本身的负面态度也是影响他们动机减退的一个原因。这些研究为后续的二语 / 外语教学环境下的动机减退研究提供了有益的借鉴和参考。

2.3 欧美英语 / 外语学习者的动机减退研究

Chambers（1993）首先将动机减退研究引入外语教育领域。他运用问卷调查的方法，对英国利兹4所中学共8个班的191名9年级学生和7名老师进行了问卷调查。教师问卷结果显示，外语学习动机减退的学生具有如下特点：①不努力学习、对学习没兴趣、注意力不集中、作业很少写或者干脆不写、上学不带学习资料或者声称自己材料已经丢失；②对自己的能力极不自信；③上学状态不佳、萎靡不振，对于表扬无动于衷甚至产生负反应；④不愿意与人合作。教师认为造成学生动机减退的原因有很多，涉及心理、态度、社会、历史等多个方面，但唯独和教师本人无关。而学生认为，他们学习动机减退的原因纷繁复杂，例如教师课堂行为（如讲课条理不清晰，不关心学生是否听懂了所讲课的内容；解释知识的时候不充分；挖苦学生；学生听不懂的时候，老师对他们大喊大叫）、教学材料过于陈旧、班容量太大等等。他认为，动机减退的学生自尊程度比较低，需要更多的关注，因为"认为自己学习动机削弱的学生不想被人遗忘或者像一份不好的工作一样被人丢弃，不管他们的表现如何，他们想得到别人的鼓励"（Chambers 1993, p. 16）。

Oxford（1998）运用回溯写作的方法对来自美国中学和大学的共 250 名学生的动机减退来源进行了调查。具体做法是，请被试者写出过去 5 年间他们的英语学习经历。在这个作文中，Oxford 给被试者一定的提示信息，如请描述一下你和你的一位老师之间发生冲突的情境；谈谈让你感觉不舒服的一间教室等。而后，她将学生的作文进行了文本分析，归纳出了 4 个因素：①教师与学生之间的个人关系，包括对学生的过分苛求（hypercriticism）、和学生处于敌对状态（belligerence）、对学生缺少关心（a lack of caring）和对学生偏心（favouritism）；②教师对待课程或者教材的态度，包括缺少激情（lack of enthusiasm）、工作懈怠（sloppy management）和过于敏感（close-mindedness）；③教师和学生之间风格的不匹配，包括在讨论结构和细节问题上、在课程的封闭程度（closure）或严肃程度（seriousness）上的冲突；④课堂活动的特点，包括课堂活动超量（overload）、过于重复（repetitiveness）和存在一定的无关活动（irrelevance）。

Ushioda（1998）对 20 名来自爱尔兰的法语学习者在学习过程中的动机减退情况进行了访谈。访谈结果显示，被访者将好的学习成绩归功于自己的个人能力和其他内部因素，学习不好是因为学校的学习环境差，从来没有想过自身原因。她的研究还发现，20 名被访者尽管有过失败的英语学习经历，但是有通过下面途径重新找回学习动机的愿望：①给自己制订短期的学习计划；②积极的自我鼓励；③参加有趣的学习活动，活动中"不要老师、作文 / 考试的监督"（Ushioda 1998, p. 86）。

Rudnai（1996）根据 Dörnyei（1994）提出的动机三层次理论设计了访谈提纲，采用质的研究方法，围绕什么因素导致具有动机减退的学生对英语学习信心减退的问题，对来自匈牙利两所重点中学和两所职业中学的 15 名学生

（他们都自我评价为动机减退的学生）进行了访谈。结果发现，在学习者和学习情境层面存在很多阻碍被访者英语学习的因素，如由于过去失败的英语学习经历导致自信心受损（学习者层面）；被分到水平不符合自己的班级，缺少自主选择权，缺少训练有素的老师，缺少一个轻松愉快的英语学习氛围（学习情境层面）。Rudnai 的研究为后面 Dörnyei（1998a）的研究提供了有益的启示（Dörnyei 2001）。

Dörnyei（2001）报告了他于 1998 年所做的一项关于外语学习动机减退的专门研究。该研究的研究对象是来自匈牙利布达佩斯几所中学的 50 名学生，他们的外语是英语或德语。他们都被任课老师和同学认为是动机减退程度最强的学生。Dörnyei 采用了半结构访谈的方法对这 50 名学生进行了 10—30 分钟的访谈。通过对访谈内容的编码和分析，Dörnyei 总结出了影响被试的 9 种因素：①教师的人格、敬业精神（commitment）、能力和教学方法；②学校教务（facilities）不完备（大班课、不合理的水平分班、经常更换老师）；③经历学习失败，打击了自信心；④对所学二语的负面态度；⑤二语作为一本必修课；⑥正在学习的另外一门外语的干扰；⑦对所学二语国家(community) 的消极态度；⑧对待周围同学的态度；⑨上课所用的教材。在这 9 种因素中，教师因素所占权重最大（40%），这也和以往研究有相似之处（如 Gorham & Christophel 1992; Chambers 1993; Christophel & Gorham 1995; Gorham & Millette 1997 等）。

2.4 亚洲英语学习者的动机减退研究

2.4.1 越南英语学习者的动机减退研究

越南学者 Trang & Jr. Baldauf（2007）选择了越南中部地区某高校非英语专业二年级的 100 名大学生作为研究对象，他们来自全国各地，有至少 8 年的英语学习经历，他们要学习 4 个学期的大学英语才能达到毕业的要求。研究问题如下：①动机减退多大程度上存在于被试中？②哪些因素可能会导致动机减退的产生？③动机减退是否对不同的研究者存在不同程度的影响？④哪些因素能够帮助学生克服动机减退？研究要求被试回忆他们的英语学习经历，并写出一篇三段式的短文：第一段要说明自己在英语学习过程中是否有动机削弱的情况；第二段要求描述学生是否已经从动机减退的状态中走了出来，并叙述自己是如何克服动机减退的；第三段要求被试写出在他们眼里哪些方法能最大限度地减少动机减退。问卷在课余时间用越南语匿名填写。数据搜集完成后，100 份问卷被分为没有动机减退情况发生的 G_1 组（9 人）、有过动机减退经历但是已经完全解决的 G_2 组（47 人）、有动机减退经历但只是解决了一部分的 G_3 组（21 人）和有动机减退经历但是目前仍然不能自拔的 G_4 组（20 人），其余 3 人无法归入任何一组，因此他们的问卷作废。经过编码后，研究人员发现：① 88% 的学生有过或者正在经历动机削弱，学生们认为动机减退现象是不可避免的，他们表示能够接受，同时动机减退的存在呈现非连续性。②导致学生动机减退的因素可以分为外部因素和内部因素。外部因素包括与教师相关的因素和学习环境因素等。内部因素包括学生对英语的态度、他们英语学习的失败经历、与他们自尊相关的事件。外部因素占总体影响因素的 64%，其中与教师有关的因素（如教师的行为、能力、教学方法）占 38%。内部因素占总体影响因素的 36%，其中学习失败经历一项所占比重最高（17%）。③对 G_2 和 G_3 组学生来说，内部因素和外部因素可以帮助学生克服动机减退，其中内部因素占 71%（G_2 组）/82%（G_3 组），

外部因素占 29%（G_2 组）/18%（G_3 组）。在众多因素中，学生意识到英语的重要性对于他们动机的增强最为明显。自我提高因素和自我决定因素只在 G_2 组存在。Trang 等人的研究与国外研究（如 Gorham & Christophel 1992; Chambers 1993; Christophel & Gorham 1995; Gorham & Millette 1997; Zhang 2007 等）有异曲同工的发现， 如都发现教师行为对学生动机减退的产生有重要的影响。

2.4.2 日本英语学习者的动机减退研究

Ikeno（2002）用质的研究方法对 65 名来自日本某国立大学教育学和人文学的大学生的动机和动机减退情况进行了研究，主要围绕两个问题展开：当你回顾英语学习经历的时候，①在什么情况下你的英语学习动机会增强？请举例说明。②在何种情况下你的英语学习动机会削弱？请举例说明。被试者要求用日语回答问题。通过对编码分类整理，结合现有文献，他整理出了 22 种动机因素和 13 种动机减退因素，其中动机减退因素中排在前三位的是：学习者无法控制自己的学习、不相信老师的能力和怀疑老师的人品。

Arai（2004）邀请 33 名大学本科生（其中大多数来自英语专业，具有较高的英语水平），请他们描述自己在英语学习过程中是否有过动机削弱的经历，并描述此刻对于这些经历的感觉。除了两人没有这种经历外，其余 31 人的回答覆盖了从小学到大学整个过程中出现过的动机减退经历。Arai 经过编码整理，归纳出 4 个因素：教师、学生、课堂气氛和其他因素。他发现由于教师原因导致的动机减退占 4 个因素的 46.7%；学生因素占 36.2%。

Hasegawa（2004）进行了一项关于初高中学生动机减退情况的研究。参加此项研究的学生是来自福岛一所公立初中的 125 名初中生和来自神奈川一所私立高中的 98 名高中生。问卷的内容包括：①你是否喜欢英语？②你自己的英语水平如何？③对于英语课你喜欢还是不喜欢，请说明具体理由。④你在英语学习过程中是否有兴趣减弱的时候？如果有请你描写在什么情况下兴趣有所减弱。研究结果显示：①初中生对于英语学习的态度更为积极（41%），高中生对于英语学习的态度处于不知道的状态（43%）。②对待英语学习的态度越积极，他们对自己的英语水平评分越高。③初中生对于英语课的喜爱程度超过了高中生，50% 的高中生觉得英语课乏味、无聊。在学生对此的众多解释中，影响他们对英语课喜爱程度的前六位因素分别为：课堂活动的性质；教师的态度、人品、教学方法和师生关系；对英语学习的反感；当众被老师点名回答问题时的焦虑；频繁的考试和糟糕的考试成绩以及课堂环境等。④所有参与调研的学生都有过学习动机减退的经历，与教师相关的因素则为主要原因。

Falout & Maruyama（2004）围绕本科生入学前，对英语学习成绩高分组和低分组学生的动机减退因素是否存在差异进行了相关研究。他根据 Dörnyei（2001）的 9 种动机减退因素，设计了一份含有 49 个题项的问卷，164 名来自两个理科系的大学本科生参与了问卷调查。这些学生根据校内考试成绩被分为高、低两个水平组。研究以 Dörnyei（2001）动机减退 9 因素的描述为基础，删除了其中关于班型的题项，同时将二语作为必修课和教材两个因素合二为一，命名为课程因素。问卷最后附有 3 个开放性题项：你喜欢学英语么？如果不喜欢，你什么时候开始讨厌学英语的？有什么特殊的经历或者事情让你失去了对学习英语的兴趣？对于开放性问题的回答研究人员也用了卡方分析等量化分析的手段。分析结果显示：①高分组和低分组的学生都有动机减退的经历。②自信心在高分组和低分组中都是排在第一位的动机减退因素。③低分组开始形成对英语学习负面态度的时间要早于高分组。④高分组学生倾向于把自己的动机减退归因到外部因素，特别是老师身上；低分组学生易将自己的动机减退归因到自身，如自己的能力。⑤高分和低分不能成为划分英语学习者兴趣有无的标准。

与 Falout & Maruyama（2004）的研究相似，Tsuchiya（2006a, 2006b）也研究了高分组和低分组学生在动机减退因素上是否存在差异。她根据自己

2004 年做的两项研究（Tsuchiya 2004a, 2004b），并参考 Dörnyei（2001）以及 Falout & Maruyama（2004）的相关成果，提出英语学习不成功者的 9 种动机减退影响因素：①教师；②课程；③英语作为必修课学习；④对英语国家的负面态度；⑤对英语本身的负面态度；⑥被削弱的自信心；⑦对周围同学的消极态度；⑧缺少积极的英语学习榜样；⑨缺少积极的英语学习方法，并根据这些因素编制了一份具有 37 个题项的问卷。问卷调查的对象是刚入学不久的 129 名大学一年级新生。根据他们的考试成绩，学生被分为高分组和低分组。研究结果显示：① 9 个因素在高分组和低分组上都有显著差异，低分组在每个动机减退因素上的均值要高于高分组。②在几个因素的排序上高分组和低分组也各不相同。高分组中的外部因素，如课程、教师的均值要高于其内部因素；低分组的外部因素和内部因素的排序呈混合状。③运用聚类分析的方法把低分组的数据分为 4 组，ANOVA 结果显示除了“英语作为必修课来学习”一项，4 组均没有显著差异以外，在其他 8 个因素上 4 组都存在着显著差异。

Kojima（2004）使用问卷调查的方法，对 2 198 名中学生（私立学校 1 626 人，公立学校 572 人）的动机减退情况进行了研究。研究分为两轮，第一轮问卷使用开放性问题，主要询问学生在英语学习过程中是否有失去学习兴趣的时候，并说明这是由哪些因素造成的。根据学生的反馈，研究者编制了第二轮要使用的调查问卷，并发给了同样的被试者。结构方程模型的结果显示，影响学生动机减退的模型中包含 5 个变量：语言问题、学习者问题、学习情境问题、学生的听力问题和对作业量关注程度的问题，其中学习者问题是影响动机减退的最主要因素，其次则为语言问题和学习情境问题（转引自 Sakai & Kikuchi, 2009, p.60）。

Warrington & Jeffrey（2005）运用自编的“被动性 / 动机减退问卷（PDMI）”（"Passivity/Demotivation Inventory"），对亚洲大学的经济、法律、商务和国际关系 4 个专业的一年级本科生进行了问卷调查。该问卷调查的目的是为了引起教师和学生对于学生英语学习动机减退现象的关注，帮助教师筛查具有动机减退状况的学生，进而促使教师为提升学生的学习动机（remotivation）采取相应的措施。问卷一开始，设置了选项发生的情境“我在学习英语的时候感到很被动 / 没有兴趣学习是因为……”，要求学生从 15 个选项中选出 5 个最具代表性的问题作答。作者用 excel 软件统计了选项的百分比，并将结果分为重要因素和不重要因素两个部分。重要因素包括学生自中学以来一直看不到自己学习英语能力的提高（12%），不喜欢中学老师的教学方法（12%），英语太难了不可能学好（12%），进大学前老师只教我们语法和阅读（11%），我不习惯以英语为母语的人以及他们的文化习俗（11%）。在不重要因素中所占比率最高的 3 个因素是：没有计划出国或者在用得着英语的环境中工作（4%），除了英语以外我还有很多东西要学（4%）和英语在我的生活中没用（4%）。作者认为造成这一现象的原因是日本国内的高考不考察听说能力，因此在日常教学过程中老师只训练学生的语法和阅读，考试考高分是他们英语学习的重要动机。

Hideki Sakai & Keita Kikuchi 合作，进行了 3 个大规模的关于高中生动机减退的研究（即 Kikuchi 2009; Kikuchi & Sakai 2009; Sakai & Kikuchi 2009）。

Kikuchi（2009）采用问卷和访谈相结合的方式，围绕“日本高中英语课堂中有哪些突出的动机减退因素”、“教师应该采取何种措施抑制动机减退的发生”这两个问题进行了实证研究。研究对象为来自两所大学的 52 名学生（男 18 人，女 34 人）。研究发现了 4 种动机减退因素：①教师教学基本功，如语音含糊、教学进度过快等。②教学方法单一，如过度使用语法翻译法等。③各种考试（包括大学入学考试）内容单一，过多集中在记单词和其他知识点上，如背单词、考试就是死记硬背等。④与教材和参考书相关的因素，如教材内容枯燥、选题过时、参考书难度过大等。研究者认为应针对性地采取措施，来降低这些因素发生的几率，从而有效抑制学生动机减退的发生。例如，教师应该改变单一的以语法翻译法为主的教学模式，课堂教学围绕着

考试和高考转的情况应当避免；教师应该提高自己的业务能力（如准确的发音等），考虑教材内容和学生兴趣的拟合度。

Kikuchi & Sakai（2009）采用李克特6点计分的方法，根据Kikuchi（2009）设计了针对大学生动机减退的问卷。参加问卷调查的学生来自3所高校不同专业的117名大学本科生。研究发现教材缺乏新意、教学设备不完善、过于注重考试分数、教学方法单一和教师的教学水平不高是主要的5种动机减退因素。这一结果部分地印证了Dörnyei（2001）和Kikuchi（2007）的发现。

Sakai & Kikuchi（2009）采用问卷调查的方法，以656名学生来自4所不同高中的高二年级和高三年级学生为研究对象，围绕"学生英语学习中有哪些动机减退因素？"这一问题进行了定量研究。研究发现了5种动机减退的影响因素：①学习内容和学习材料，如语法/词汇难点的重视程度过高、课程枯燥乏味、以高考和死记硬背为学习重点、学习材料枯燥乏味；②教师能力和教学风格，如教师对学生态度不好、语言水平不高、缺乏个性和课堂教学不活跃；③不完善的教学设备，如缺少多媒体设备；④缺少内在兴趣，如认为学英语没有用、对英语国家文化缺少兴趣；⑤考试成绩不佳 。缺少内在兴趣作为动机减退的影响因素是该研究不同于以往研究的一个创新点，这也启示后续的研究在关注外部因素同时，也要关注内部因素对学生动机减退的影响。

2.5 中国英语学习者的动机减退研究

我们通过中国知网（CNKI）的篇名检索方式，分别输入"demotivation"、"amotivation"、"动机减退"、"动机削弱"、"动机消退"、"动机缺失"、"动机丧失"、"去动机"、"负动机"、"动机衰竭"和"动机减弱"这些检索词，并选择"全部期刊"作为检索范围，检索2006—2014年3月刊发在国内各种类型学术期刊上的相关文献和该数据库中收入的相关硕士论文。我们发现中国大陆研究者开展的英语学习动机减退研究起步较晚。公开发表的综述性论文开始于刘宏刚（2009），第一篇实证研究论文是 2010 年胡卫星和蔡金亭发表的《英语学习动机减退的模型构建》[1]。此后的 4 年多时间里，研究者们主要针对大学生、研究生的英语学习动机减退现状进行了多维度的以问卷调查为主的实证研究。2010 — 2014 年 3 月，国内发表的相关文献共 47 篇，其中实证研究文章 32 篇（8 篇发表在 CSSCI 刊物上），综述性文章 15 篇（详见附录 1）。下面，我们将对其中的 9 篇实证文章和另外一篇未收入 CNKI 的高质量文献（徐锦芬、徐佳佳 2013）进行综述。

2.5.1 大学生英语学习动机减退的实证研究 [2]

胡卫星、蔡金亭（2010）采用问卷调查的方式对某大学 198 名非英语专业学生和 16 名教师对学生英语学习动机减退原因进行了实证研究。研究提出并验证了学生动机减退的理论模型（见图 2-2）。模型中包括以下各因素：①学习兴趣因素（包括语言兴趣与文化兴趣）；②学习目的因素（包括近期目的与远期目的）；③效价因素（包括重要性与代价）；④焦虑（包括课堂焦虑与使用焦虑）；⑤归因因素（包括主观原因和客观原因）；⑥学习环境因素（包括实践机会、管理、教材和教师）；⑦动机减退行为（包括注意力、持续性、主动性和学习时间）。

[1]　相比较而言，胡卫星和蔡金亭的研究在问卷设计、研究方法和研究手段等方面都更为严谨，对后续研究的启示作用更为显著，因此我们将该文作为国内该领域实证研究的开山之作。

[2]　为了全书术语的统一，在参考本书 2.1 小节提到的“demotivation”的概念基础上，本小节将所有综述文章中的“demotivation”都翻译为“动机减退”。

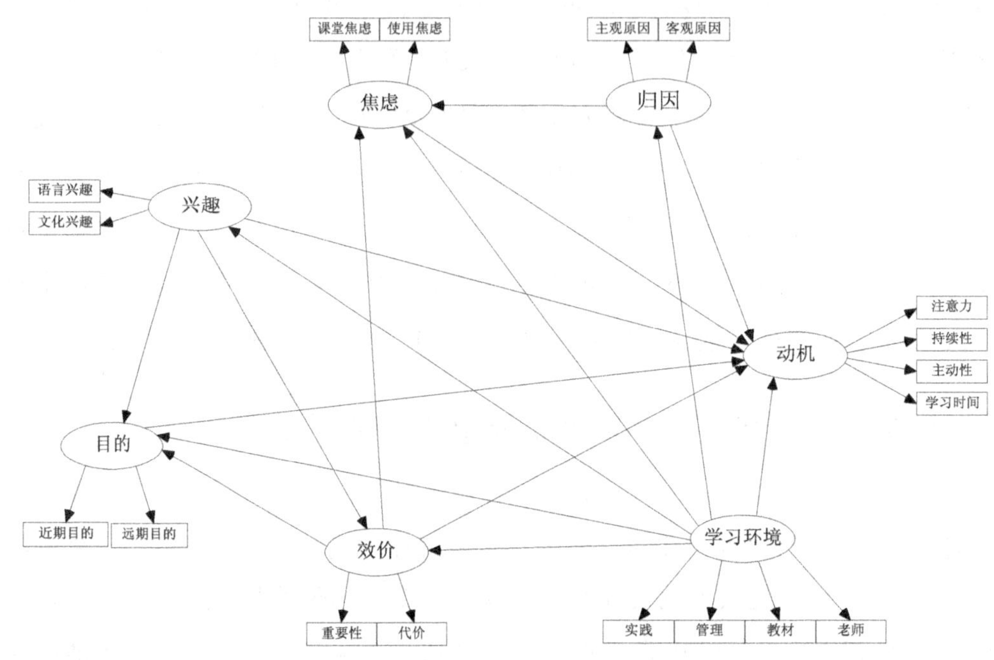

图 2-2　非英语专业大学生英语学习动机减退的理论模型

研究发现，这些因素之间的关系复杂，假设的 6 条对动机减退产生影响的路径中通过了 5 条，它们是“学习环境→动机减退”，“效价→动机减退”，“学习兴趣→动机减退”，“学习目的→动机减退”和“焦虑→动机减退”，没有通过验证的路径是“归因→动机减退”。在通过验证的路径中，最能预测动机减退的变量是学习环境，其次是效价、学习兴趣、学习目的和焦虑，其中学习环境、效价和学习兴趣还对动机减退产生间接影响，而归因对动机减退仅有极微弱的间接影响。

作者认为在实际教学中，全盘考虑各因素，才能真正激发并强化学生的英语学习动机。比如，改善学校的英语学习环境，包括改进教学管理措施、增加教学实践的机会、选择符合学生实际需要的教材、改革教学方法等。其次，教学环境的改善从一定程度上也可以提高学生的学习兴趣和效价，明确学习的目的，降低学习过程中的焦虑感。除此之外，还应培养学生对英语学习和英语文化的兴趣，从而帮助其树立长远的目标，意识到英语学习的重要性，并且通过改变学生的归因倾向来降低其学习焦虑。

汤闻励（2012）对广东某高校 277 名非英语专业大学一年级学生和大学二年级学生进行了“动机减退”的问卷调查，并对部分学生进行了访谈。研究主要围绕以下两个问题展开：①引起中国非英语专业大学生英语学习“动机减退”的因素有哪些？②“动机减退”因素对不同英语学习动机的学生是否有不同影响？如果有，有哪些不同影响？研究结果发现：①影响非英语专业大学生英语学习动机减退的因素有以下 10 个：英语学能、教学内容、教师个性、教学能力及方法、作业、教学模式、教学设施、按高考英语成绩高低分 A/B 班、其他课程和课外活动的影响、动机不稳定和学习气氛。②不同因素对英语学习动机强弱不同的学生的“动机减退”存在不同影响：根据动机得分，将学生分为动机强组和动机弱组，通过独立样本 T 检验[1]，发现动机不稳定和学习气氛对动机弱组的影响最大；教学设施、按高考英语成绩高低分 A/B 班则影响最小。而对动机强组影响最大的是教师个性、教学能力及方法、教学模式和动机不稳定；对动机强组影响最小的是按高考英语成绩高低分 A/B 班。动机弱的学生往往受“学能”影响较大，他们更易于将失败归于自身的能力，从而没有自信，造成学习动机的进一步下降。以上研究结果说明，学生动机减退的原因不是单方面的，教师和学生都有一定的责任。教师的育人能力、对知识及课堂的掌控，学生自身学习能力的不足以及师生之间的互动所营造的学习氛围都是不容忽视的重要因素。因此，研究者认为盲目地进行学校环境、设施等硬件方面的比较是无益的，应将焦点放在教师素质的提升和教学能力提高上来。教师要密切关注学生学习动机的变化，多关注英语学能较低的学生。

于莹（2012）选取来自某高校网络教育学院成人非英语专业专升本阶段

[1]　该文并未指明用了何种 T 检验，此处是我们根据研究目的和过程补充了 T 检验的具体类型。

的200名学生作为研究对象，通过问卷调查和访谈相结合的方法对这些成人学生的动机减退影响因素进行了调查，结果发现：①影响因素主要有学能、兴趣、环境支持、教学内容和设备、自信和工学与家学的矛盾。其中，环境支持、教学内容和设备及工学与家学的矛盾是外部因素；学能、兴趣和自信是内部因素。②学生的语言学能不高和缺乏自信心是较为突出的因素。③自信心缺失是导致动机减退的重要归因。对此，作者提出建议：①教师布置的任务要有梯度，让学生体验到成功和收获。②增强学习英语的自信心。③加强英语在线互动。④完善英语学习资料库。⑤注重提升教材的趣味性，进而提高学生学习英语的兴趣。⑥培养学生良好的学习习惯。

周慈波（2012）采用问卷、访谈和书面反馈相结合的方式，对41名来自中国宁波大学和36名来自日本和歌山大学的学生在英语学习中的动机减退影响因素进行比较研究。研究围绕以下两个问题展开：①各因素（即教师、学习环境、语言文化和学习者）对中日两国高校外语学习者的影响程度各占多大比例？②这些影响因素存在哪些共性和个性？研究发现：两国外语学习者的动机减退状况既具有共同特征，又有差异。共性表现在：教师因素（中31.415%和日27.80%）和学习者因素（中3.80%和日3.50%）对两国外语学习者的影响程度都很大。这和中日两国相近的地缘、文化有关。差异体现在：①尽管中日两国受试同将教师因素列为影响外语学习动机减退的重要诱因，但是侧重点不同。日本学习者更关注教师知识输出的能力与效果；而中国学习者更关注教师的启发性影响力。日本学习者更需要通过教师的认可来肯定自己的学习效果；中国学习者更趋向于“自我”，在主观意识上较少受教师情感的影响。②语言文化因素对两国外语学习者的动机减退影响迥异。中国学习者较日本学习者更难教授或者认可目标语言所承载的西方文化。③学习策略的缺失更易引发中国学习者的动机减退。对于团队学习而言，日本学习者更重视个体在团队中的作用和评价，一旦个人才能或者贡献不被认可，便会诱发动机减退。

周慈波、王文斌（2012）对浙江省某高校的 766 名非英语专业学生进行了“动机减退影响因素”的问卷调查，旨在对如下两个问题做深入探讨：①大学生英语习得过程中的动机减退行为与表现有哪些？②导致学习动机减退的影响因素有哪些？研究发现：①动机减退因素主要有 5 种：教师能力与教学风格；课程设置与学习材料；不完善的教学设备；内在兴趣缺失；有效学习策略缺乏。其中所占比例最大的是“有效学习策略缺乏”，所占比例最小的是“内在兴趣缺失”。②外部影响因素（教师能力与教学风格、课程设置与学习材料、不完善的教学设备）所占比例略高于内部影响因素（内在兴趣缺失和有效学习策略缺乏）。该研究为提升学生学习动机，减少动机减退因素干扰提出了如下建议：①教学过程中应该引导学生构建自主的学习策略而非直接灌输。②教师应该结合高校学习者的实际需要制订适宜的学习策略指导方案。③教师根据不同的教学情景进行学习策略的指导，并启发学习者将新习得的策略运用到不同的语境中。④教师可以转变课堂角色，从教学能力和教师风格这两方面入手，尽可能减弱或消除学习动机减退中的教师因素。⑤教师要采用适当的归因练习策略来增强学生的学习自信和提高学习效能。

靳铁柱（2013）采用问卷调查的方法对 76 名非英语专业的本科生进行了关于学生英语学习听力动机减退影响因素的研究。结果发现了 13 个影响因素：对英语听力练习投入时间不够；没有形成良好的学习听力的习惯；没有端正对英语的态度；对英语国家态度不够客观；学习英语自信心不足；同伴听力练习不积极；学生之间协作不强；没有很好地利用网络环境进行交流；被动参与课外网络拓展活动；教学内容没有科学性；纸质教材和网络教材设计有缺陷；学生对教学模式感到生疏和英语学习整体的投入不足。研究者从教学环境、教学管理、教师作用、教学内容、教学方法、学生引导 6 个方面，提出了提高英语听力教学效果的建议。

李琳（2013）对 127 名来自浙江某大学非英语专业大学二年级学生进行了动机减退内部影响因素的问卷调查研究。结果显示，影响学生动机减退的因素有4个：自信心下降、情感认知能力不足、学习策略缺乏、学习兴趣缺失。研究建议，教师在教学过程中不仅要关注学习者的学习情况更要关注他们的自信心、情感认知能力、学习策略和学习兴趣，这样才能有效抑制动机减退的发生。

孙云梅、雷蕾（2013）采用定量与定性研究相结合的方法，选取某高校大学一年级、大学二年级和研究生一年级3个层次的692名学生，围绕以下3个问题进行了实证研究：①中国大学生在大学英语学习各阶段是否存在动机减退现象？如果是，影响各阶段动机减退的因素有哪些？②动机减退影响因素对于动机减退强度不同的学生的影响是否存在显著差异？③动机减退强度与英语学习成绩的关系如何？哪些动机减退因素对英语学习成绩具有预测力？研究发现：①影响各阶段学生英语学习动机减退的因素有4个，它们是：教师、教学内容、学生和课堂环境。②各因素在各年级中的影响程度不同。影响大学一年级学生动机减退的因素依次为学生、教学内容和环境，影响大学二年级学生动机减退的因素依次为学生、环境和教学内容，而影响研究生英语学习动机减退的因素依次为教师、教学环境、学生因素和教学内容。③引起学生动机减退的最大因素是教师，包括教师的个性、个人魅力、教学方法等。④学习成绩高低分组学生在动机减退因素上都存在显著差异。⑤学生的学习成绩与动机减退呈显著负相关，学生的动机减退强度越大学习成绩越差。大学一年级及研究生一年级英语学习归因因素中的个人因素与学生英语成绩之间存在线性回归关系；大学二年级学生英语学习归因因素中有3个因素（个人因素、教学因素及教师因素）与英语学习成绩之间存在线性回归关系。研究认为，对于教师而言应该加强教师选拔培训力度，实现教师角色的真正转换，真正实现“以人为本”的教学理念。学生作为教学主体应该在教师的引导下积极发挥学习的主观能动性，提高学习效率。要调整课堂教学内容，使课程设置满足于实际需要，满足于学生的需求。

徐锦芬、徐佳佳（2013）通过定量和定性相结合的方法，对520名非英语专业的大学二年级学生进行了问卷调查，旨在研究大学英语课堂学生动机减退现状及其影响因素。研究发现：①在大学二年级学生中英语学习动机减退现象普遍且较为严重。其中，男生组动机减退者的比例略高；理工科类学生动机减退现象更为普遍；学习者英语水平越高，出现动机减退的情况就越少。②动机减退因素有 9 个，分别是：学校环境、英语学习经历、教材、自信心、对待英语学习的态度、教学风格和方法、教师能力、班级环境和教师性格以及责任心。研究认为，大学英语课堂上动机减退现象比较普遍，单纯使用各种方法重新激发学生动机是不够的，要了解学生学习动机减退的具体原因，考虑不同因素间的关系，从而激发并强化其英语学习动机。其次，教师应给予动机减退学习者更多的关注，使其重获信心。同时，教师应摆脱枯燥的书本讲解，营造愉悦的学习环境和英语练习氛围，提升英语学习的乐趣与意识。最后，教师要鼓励学生制订明确的学习目标，并及时给予反馈与指导。

高强等（2014）通过对山东省 4 所省属院校的 655 名英语专业本科生的英语学习动机减退情况进行问卷调查，研究发现了影响动机减退的 6 个因素：学能、教师与教法、课余生活、教学条件、课程与教材以及评价。其中，就各因素的影响力度而言，教师与教法、课程与教材、教学条件属于同一层次，另外 3 个属于另一层次，前者影响高于后者。该研究对英语专业教育改革提出了几点建议：①教师应加强对学习方法的指导。②教师应不断提高自身水平，不断改进教学方法。③加大办学投入，小班上课，合理安排教学资源。④各校英语专业要明确办学目标、确定办学特色、合理调整课程设置以适应人才发展和社会的需要。

2.5.2 中学生英语学习动机减退研究

与大学生动机减退研究成果丰硕相比，有关中学生英语学习动机减退的实证研究文献较为缺乏。我们检索了 CNKI 数据库 1990—2013 年 20 多年的相关文献，只发现6篇与之相关的论文（即黄长锦2011；罗琼2011；安雪萍2012；李付银2012；张霞霞2012；刘宏刚、应斌2013），其中实证研究较少。

黄长锦（2011）认为中学生产生厌学英语的原因来自3个方面：①学生自身原因。中学生学习英语时缺乏目的性，没有浓厚的兴趣，自身有一些不良情绪，导致了学习效果不佳、缺乏信心。②教师原因。有些教师的教学艺术有待提高，他们不善于激发学生的学习兴趣，不能很好地处理师生关系。③外界原因。如家长不重视，学习生活环境不佳等。

罗琼（2011）发现农村中学生在英语学习过程中，会出现“好奇—感兴趣—失去兴趣—失去信心—厌学”的现象。她认为中学生产生厌学的原因有：①农村中学生的英语学习环境总体相对较差，英语学习氛围不浓，基本上没有学习英语的辅助设备。②农村留守学生多，一旦他们在学习中遇到困难，无法及时得到引导帮助。③初中生的生理和心理特点。如果他们碰到困难或考试成绩不好，就会影响其学习的积极性。

安雪萍（2012）通过问卷调查的方法，于2009年4月—2009年8月对其所在中学高二年级3个班级的193名学生进行观察调研。该研究涉及影响中学生英语学习的内部因素、学习英语策略以及英语学习环境与师生关系方面的问题。结果发现了来自教育内部、社会和家庭以及学生本身3个方面的原因。

张霞霞（2012）认为农村初中生产生英语厌学情绪的原因主要有以下7个方面：①环境因素；②家长因素；③学生因素；④教师因素；⑤中小学英语教学衔接因素；⑥教育资源的配置因素；⑦教材因素。

刘宏刚、应斌（2013）通过问卷调查的方法对分别来自沈阳市、长春市和安徽省蒙城县3所不同类型初中共505名初一学生和初二学生进行了有关动机减退影响因素的实证研究。结果发现教师、社会环境、学习环境和学习者这4个因素是主要的影响因素。该研究提出的社会环境因素是以往研究中未曾提到的。

2.6 国内外研究评价

纵观过去 20 年国内外相关研究，从研究对象、方法和内容方面呈现如下特点。

（1）从研究对象上看，欧美研究者多选择以中学生作为研究对象（如 Chambers 1993; Ushioda 1998; Dornyei 2001 等），而中国、日本、越南等国的研究对象多以大学生为主（如 Ikeno, 2002; Trang & Baldauf, 2007; Kikuchi & Sakai, 2009；胡卫星、蔡金亭 2010；汤闻励 2012 等）。

（2）从研究方法上看，访谈（如 Ushioda 1998; Dornyei 2001; Arai 2004 等）、回溯性写作（如 Chambers 1993 等）和问卷调查（如 Hasegawa 2004; Falout & Maruyama 2004；胡卫星、蔡金亭 2010；汤闻励 2012 等）是较为常用的 3 种研究手段。

（3）从研究内容上看，①英语学习动机减退是普遍现象。教师、学习环境、语言文化、学习者个体差异是主要的动机减退因素。②教师因素包括教师的语言基本功、教学风格、人格和教学方法。有关中学生的研究表明，虽然大部分教师在课前都能认真备课，课堂上精心讲解，课后耐心辅导，但他们上课时只注重对知识点的讲解，忽视对学生的情感教育，不能较好地做到寓爱于教，学生感觉不到学习英语的乐趣。另外，师生关系处理融洽与否也会影响学生对英语学科的态度和喜好程度。③学习环境因素包括课堂上采用的教学设备、教务部门的管理、课程设置与学习材料。针对中学生的相关研究发现，学生在各个学段接触的英语教材不一，各有其特点，随着学段的上升，教材里所涉及的话题及其难度也随之改变，由较易变为较难，很多学生感到上了中学以后，学习英语不再像小学时那么简单、容易、有趣。他们在学习英语的过程中遇到了困难，自己又无力解决，继而开始厌学英语。大部分学校制订的培养目标偏离，评价体系不当。很多学校仍然单纯地注重升学率，把分数的高低当作评价一个学生学习成绩好坏的标准。其次，部分学校班级规模过大，人数过多，这一方面加大了教师管理的难度，也不利于英语教学的开展。④语言文化因素，包括母语干扰、对目的语的态度和对目的语国家的态度。⑤学习者因素包括兴趣、目的、效价、焦虑、归因、自信心。对于中学生而言，它主要表现在缺乏目的性。学生在刚开始学习英语时，对英语充满好奇，但由于缺乏学习英语的目的性，在以后的英语学习中，随着教材的深度和难度的增加，学生往往会掉队，逐渐产生厌学英语的心理。学习者对英语学习兴趣不浓。在学习英语的过程中，部分学生认为英语学科枯燥无味，不将英语学习当作是一件快乐的事情，而把它当作是一种沉重的负担，自此影响其学习英语的态度和心理。学习者学习英语效果不佳，缺乏信心。由于英语学科的特点，学生在学习英语时方法不当，往往会导致事倍功半，达不到预期的效果，这就使得学生看不到英语学习的希望（黄长锦 2011）。

以往研究在取得了一系列重要发现的同时，也存在着不足，主要表现在：①缺少对农村中学生英语学习动机减退状况的关注：通过对文献的梳理，不难发现，国外研究对象既有成年学生，也有中学生；而国内却鲜见对中学生，特别是对农村中学生动机减退影响因素的系统实证研究。在我国经济发展、社会结构发生变化的今天，研究者应当更多地关注农村中学生英语学习动机状况，找出他们与城市学生在动机减退方面的差异。②缺少对社会环境因素的关注。如前所述，目前国内动机减退研究缺少从宏观上对城乡中学生的关注；而从微观的角度看，国内外应用语言学研究领域还未对影响学生动机减退的社会环境予以足够的重视。有研究表明，学生的英语学习受到社会环境（包括城乡差异，家庭环境，周围同伴、朋友等）的制约。学生因为家庭经济条件所限无法获得更多的英语学习机会的例子并不少见，社会阶层可能剥夺了某些学生英语学习的机会，削弱了他们的英语学习动机。文化程度不高的家长双双外出打工以及教育资源分配不均衡等社会现象的存在，都将会抑制学生学习动机的保持与增强。因此，研究者应当关注社会环境对学生学习动机减退的影响，切实考虑城乡差异。

针对以上问题，本研究选择农村初中生作为研究对象，采用探索性因子分析和验证性因子分析相结合的方式，探讨影响学生动机减退的各种因素及其结构；采用问卷调查为主、访谈为辅的方法进行研究；做到定性研究和定量研究的有机结合；在提出的理论模型中，关注社会因素。

第 3 章　研究总体设计

本章将对本研究的理论模型、抽样地区选取的标准、数据的处理方法和动机减退影响因素有效数据的筛选做详细汇报。

3.1 理论模型

本研究从社会心理视角，在 Dörnyei（2001）的基础上，将动机减退定义为由于外部因素的负面影响而直接导致的动机下降或者是由外部因素引起内部因素的负面变化而导致的动机下降。引起动机减退的因素，我们称之为动机减退因素，它包括内部因素（如归因、焦虑、自信心等）和外部因素（如教师的教学风格、教学方法等）。基于第 2 章对相关文献的综述，本研究提出如下 4 个影响因素：教师因素、社会环境因素、学习环境因素和学习者因素，其中社会环境因素是以往研究中所没有提到的。

（1）教师因素包括：①教师的教学基本功，例如英语教师的板书、对知识点的把握、语音面貌。②教师责任心，例如是否认真负责、是否有耐心回答学生提出的问题、是否给学生进行英语学习上的指导。③教师教学内容与技能，例如上课节奏的把握，所讲内容的难易程度，作业、小测验等的频率。

（2）社会环境因素包括：①经济支持，例如学生家长是否给学生报名参加英语辅导班、购买辅导材料、购买辅导英语用的电子设备（如电子词典等）。②他人影响，例如父母是否鼓励孩子学习英语、父母对孩子英语学习的态度（如

“父母说学好汉语就行了，英语学不学无所谓”）。③父母辅导，指父母是否在英语学习上能给孩子进行辅导，如练习口语等。

（3）学习者因素包括：①语言态度，指学习者对待英语学习的态度。包括学生如何看待英语国家文化对自身英语学习的影响、汉语和英语的关系（如“我觉得学好汉语就够了，没有必要学英语”）。②学习者焦虑，例如“英语考试的时候，我感到紧张”。③自信心，例如“我英语成绩是所有科目中最差的，所以我很灰心”、“我在英语学习方面没有达到老师的要求，自信心受到打击”。

（4）学习环境因素包括课程、设备、教材这些外界环境对学生英语学习动机的影响，例如“英语课文不好学（如课文长、生词多）”。

由以上 4 种因素构成的本研究理论模型如下图 3-1 所示。

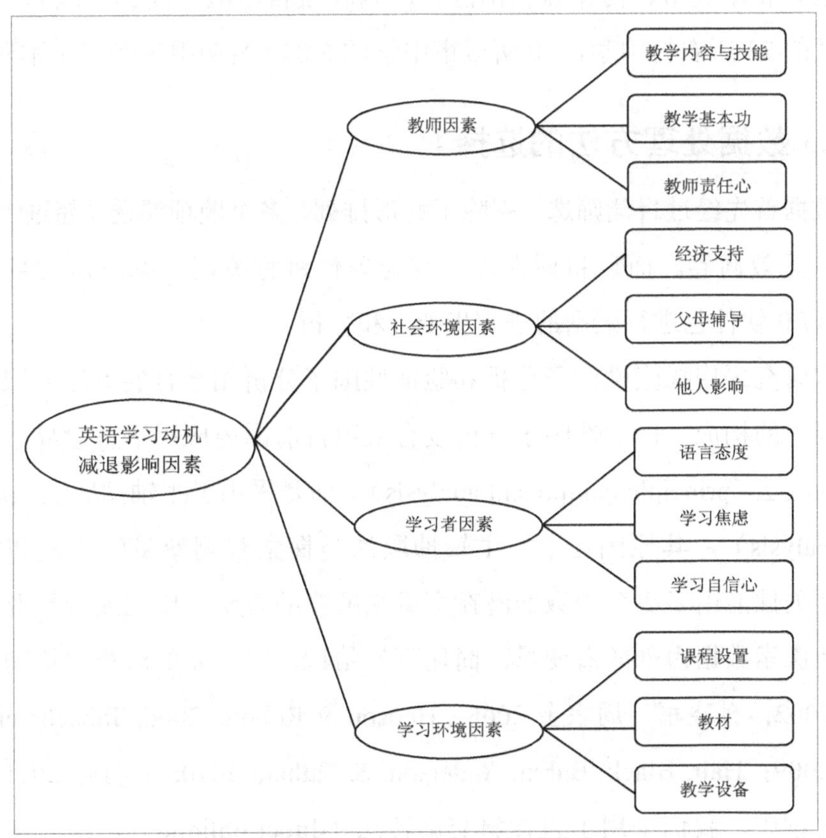

图 3-1　初中生英语学习动机减退影响因素模型

3.2 抽　　样

本研究以我国各地区的地理方位、人文特征和社会发展现状等因素为依据，从经济地理学的角度，结合课题组成员所能联系到的抽样学校，最终决定从以下 4 个地区抽取研究对象：东北老工业基地（黑龙江省、吉林市、辽宁省）、东部沿海地区（河北省、北京市、天津市、山东省、江苏省、上海市、浙江省、福建省、广东省和海南省）、中部地区（山西市、河南省、湖北省、湖南省、安徽省、江西省）和西部地区（重庆市、四川省、贵州省、云南省、西藏自治区、陕西省、甘肃省、宁夏回族自治区、青海省、新疆维吾尔族自治区、内蒙古自治区和广西壮族自治区）。最终选择的抽样地区为：吉林市、辽宁省（东北老工业基地）、江苏省（东部沿海地区）、河南省、安徽省（中部地区）和重庆市、内蒙古自治区、广西壮族自治区（西部地区）。上述 8 个地区的 23 所农村中学，10 所城市中学的 5 847 名初中生参与了本研究。

3.3 数据处理方法的选择

数据首先经过目测筛选，剔除了蛇形排列、多个题项漏选（超过 10 个）、多选等无效问卷。而后将问卷以学校为单位进行编码，编码后的数据录入 SPSS 17.0 软件包进行数据的进一步处理和分析。

本研究采用探索性因子分析和验证性因子分析相结合的方法来探索动机减退因素的构成。探索性因子分析没有采用目前国内应用语言学界常用的主成分抽取法（principle component analysis），而是采用了主轴抽取法（principal axis analysis），其原因在于：主轴抽取法是探索观测变量的方差和它们之间的相关性能用多少个少数的潜在变量来解释的方法，比主成分抽取法更能有效地探索数据内部的潜变量，简化变量结构，对方差的解释率更精确（张文彤 2002；孙晓军、周宗奎 2005；Henson & Roberts 2006; Tabachnick 2007; Field 2009；Hair, Black, Babin, Anderson, & Tatham 2010; 吴明隆 2011）。在探索过程中，我们采用了直接斜交旋转法（direct oblimin），因为这种方法能很容易地解释因子，同时也确保了因子间的简单结构，允许因子间的相关，更符合现实（孙晓军、周宗奎 2005）。验证性因子分析是相对于探索性因子分析的一种因子分析方法，它允许研究者在实证或者严谨理论的基础上确认一个正确的因素模型，这个模型通常明确地将变量归类于不同的因素层面，并同时决定因素之间是相关的（吴明隆 2011）。本研究采用 AMOS 17.0 建立的结构方程模型以达到验证性因子分析的目的。

在进行验证性因子分析之前，我们首先对原始数据进行单元正态分布检验（univariate normality test），如果各题项的偏度（skewness）和峰度（kurtosis）均在 ±2 之间，数据为正态分布（Kunnan 1998），满足进行验证性因子分析的基本条件。本研究中验证性因子分析采用的拟合指数为 $\chi^2/df < 8$；$p > 0.05$；GFI ＞ 0.90；AGFI ＞ 0.90；CFI ＞ 0.90；RMSEA ＜ 0.08；RMR ＜ 0.08（吴明隆 2010）。在进行模型拟合过程中，χ^2/df 和 p 值要受到样本数量和其他因素的制约，经常会出现达不到要求的情况，所以要综合查看多个指标来综合判定模型的拟合情况（吴明隆 2011）。

3.4 有效数据的筛选

以往的动机减退研究大多数默认填写问卷的被试者都曾经有过英语动机减退的经历，但并没有明确这种减退情况发生的时段。实际上，Gorham 等教育学领域的动机减退研究在实际操作中，是给被试者一定的提示，如“请以距离你填写问卷时刻最近的一堂 XXX 课为例，叙述任课教师的哪些行为削弱了你的学习动机？”。而在二语 / 外语教育领域，特别是在国内研究中，多数研究并没有相关提示。这样可能导致问卷调查结果涵盖的并不是研究者所要调查时段的动机减退状况。例如，如果研究大学生英语学习动机减退因素，那么应该限定学生的动机减退行为是基于大学英语学习期间的相关学习经历。而目前的研究可能将学生高中、初中时候的动机减退原因也包含在内。为了避免类似问题，本研究采用了设置动机状态题项（“1 ＝我一直都很不喜欢学英语”；“2＝我对英语学习一直兴趣不太高”；“3＝我以前喜欢学英语，现在越来越不爱学了”；“4＝我对英语学习一直保持较高的兴趣”；“5＝我一直都非常喜欢学英语”）和动机行为题项的方法来筛选具有动机减退状态的学生。

有效数据的筛选分为以下几步：①将动机行为题项都调整为正向命题。②通过因子分析确定动机行为的因子构成。③根据步骤②的结果计算动机行为题项的总体均值，并删除均值大于4.0[1]的数据。④在筛选后的数据中删除学生动机状态自评选项为“1、2、4、5”的数据。

[1] 由于本研究采用的是李克特6点计分法，因此理论中值定为4.0。

第4章 预 研 究[1]

本章汇报了两次预研究的详细过程。第一次预研究确定了动机减退影响因素的基本结构；第二次预研究解决了第一次预研究中存在的问卷设计有待改进、抽样覆盖面不广（如没有初三学生参加）的问题，为正式研究打下了坚实的基础。

4.1 第一次预研究

4.1.1 研究设计

4.1.1.1 研究问题

（1）学习动机减退影响因素模型中的教师因素、社会环境因素、学习者因素和学习环境因素各自的内在结构如何？

（2）学习动机减退影响因素模型是否可以由这4种因素建构？

（3）学习动机减退的行为有哪些类型？

---

[1] 第一次预研究得到了沈阳市第165中学李翠珍校长、沈阳市第140中学谭辉征书记、吉林省长春市农安县烧锅中学田中和老师以及东北师范大学2010级本科生王蒙同学在数据收集上的支持；汕头大学文学院彭剑娥博士在数据统计方面给予了悉心指导；大连外国语大学英语学院夏洋副教授和《语言教育》杂志匿名审稿人对原文修改提出了中肯建议，在此一并致谢。本章是在刘宏刚、应斌（2013）基础上修改而成，主要进行了以下几个方面的扩展：①计算了每个维度探索性因子分析后的信度；②在各维度的探索性因子分析矩阵表上增加了结构矩阵数据（见表4-2至表4-5），因为严格来说主轴抽取法中的直接斜交旋转后生成的样式（pattern）和结构（structure）矩阵数据，在分析因子结构时都要参考（Henson & Roberts 2006；吴明隆，2011）。

4.1.1.2 研究对象

本研究选取长春市农安县烧锅中心学校（160 人）、沈阳市 165 中学（186 人）和安徽省亳州市蒙城县第四中学（159 人）3 所初级中学的 505 名同学进行了问卷调查。其中男生 251 人，女生 254 人；一年级学生 201 人，二年级学生 304 人。

4.1.1.3 研究工具

本研究采用自编问卷“初中生英语学习动机减退情况调查”。问卷设计参考了 Falout & Maruyama（2004）、Tsuchiya（2004a, 2006a）、Falout, et al（2009）、胡卫星、蔡金亭（2010）、周慈波、王文斌（2012）、李琳（2013）等人的问卷，并结合前期开放性问卷的结果综合编制而成。问卷由导语、动机状态自评（1 个题）、58 个动机减退题项、12 个动机减退行为题项以及 1 个开放性题项（请写出最影响你英语学习的 3 个负面因素）组成（详见表 4-1）。其中学习行为题项是在对 8 位初中 1—2 年级的优秀教师以及他们推荐给研究者的 12 名动机减退的学生进行访谈的基础上归纳出来的，这些行为均为老师们所反应，既是在学习动机减退的学生身上所体现出的最为明显的，也是他们极为缺乏的，这些在 12 名学生身上都得以验证。

表 4-1　问卷维度、题项分布及举例

维度	题项分布	题项举例
教师因素 ($n=23$)	1；5；10；11；15；17；20；22；25；28；30；32；33；35；37；40；42；45；48；51；53；54；57	32 英语老师发音不标准。
社会环境因素 ($n=11$)	2；6；9；13；26；39；41；43；46；50；56	9 家里条件有限，父母没给我报英语辅导班。
学习者因素 ($n=14$)	3；4；8；12；16；18；19；23；34；38；44；49；52；58	28 英语课的作业太多。
学习环境因素 ($n=10$)	7；14；21；24；27；29；31；36；47；55	47 教材的课文练习多。
动机减退行为 ($n=12$)	59—70	59 如果教我的英语老师不要求，我不会主动预习课文。

注：动机减退因子部分的反命题为：10；15；20；31；33；35；37；40；42；45。动机减退行为部分的反命题为：63；64；65；70。

4.1.1.4 研究过程

2013 年 3 月的前两周，本问卷的初稿在沈阳市 140 中学初一年级和初二年级的 172 名同学中进行了预测，根据预测结果以及对个别学生的访谈，对问卷的题项进行了调整和修订。2013 年 6 月 28 日—2013 年 7 月 10 日，我们进行了本次问卷调查，共发放问卷 712 份，回收 700 份，问卷回收率为 98.3%。从 700 份问卷中挑选出动机状态选项为“3= 我以前喜欢学英语，现在越来越不爱学了”（即有学习动机减退发生的选项）的问卷 525 份，再从中删除带有缺失值的数据和相关的奇异值数据 20 份，最终有效数据为 505 份，问卷有效率为 96.2%。

运用 SPSS 的个案抽取程序将 505 份数据，按照 50% 的比例进行拆分，分别生成数据 A（n=248）和数据 B（n=257）。将数据 A 进行探索性因子分析；将数据 B 进行验证性因子分析，确定最终动机减退影响因素模型结构。

4.1.2 动机减退影响因素的探索性因子分析

本研究采用探索性因子分析中的主轴旋转因子提取法，用其中的直接斜交转轴法（direct oblimin）进行数据内部结构的探索（因子负荷设置在 0.30，迭代次数为 50）。我们分别对教师因素、社会环境因素、学习者因素和学习环境因素进行了探索性因子分析，并对每个因素所包含的因子逐一命名。

4.1.2.1 教师因素

教师因素经过因子分析后自然析出 3 个因子，KMO=0.824（χ^2=958.627，df=105，sig=0.000），三因子累计解释总变异的 38.408%，解释率不高可能与样本的数量较小有关。各题项的共同性都在 0.25 以上，各因子的内在信度值均超过了 0.70 的理论阈值（详见表 4-2）。

表 4–2　教师因素探索性因子分析样式（结构）矩阵表

题项内容	因子 1 教学内容 与技能	因子 2 教师 责任心	因子 3 教学 基本功	共同性
an28 英语课的作业太多。	0.667/0.675			0.472
an17 英语课拖堂，不按时下课。	0.554/0.631			0.426
an11 英语老师上课很少组织我们做游戏、搞活动。	0.495/0.484			0.281
an51 英语老师上课节奏有点快。	0.487/0.576			0.369
an57 英语小测验太多。	0.486/0.493			0.247
an53 英语老师所讲的内容不容易理解。	0.445/0.553			0.355
an42 英语老师认真负责。		0.746/0.764		0.599
an45 英语老师耐心解答我的问题。		0.626/0.618		0.383
an40 英语老师很谦虚（如遇到自己讲错的地方会及时纠正）。		0.602/0.659		0.485
an20 英语老师在我的英语学习方面给了很多鼓励。		0.490/0.505		0.273
an33 英语老师给我一些有用的英语学习方面的建议。		0.465/0.498		0.255
an25 英语老师的英语知识掌握得不好（如讲错知识点）。			− 0.667/ − 0.719	0.525
an30 英语老师单词掌握不好（如经常写错单词）。			− 0.576/ − 0.613	0.381
an32 英语老师发音不标准。			− 0.576/ − 0.643	0.436
an5 英语老师英文板书写得不好。			− 0.412/ − 0.499	0.274
累计解释百分比 [1]	24.991	34.616	38.408	—
内在信度值	0.717	0.739	0.744	—

因子 1 既有和教师教学内容相关的内容，如学生对作业过多的（第 28 题）抱怨；也有关于教师讲课技能方面的内容，如上课不按时下课（第 17 题）、上课很少组织学生进行英语活动（第 11 题），因此被命名为“教学内容与技能”。

因子 2 包含的题项一方面涉及教师的责任心问题（第 42 题），同时也具有教师本身品质的内容，如教师有错必改、谦虚谨慎的作风（第 40 题）。这在本研究最后的开放性问题上得到了印证：有 35% 的学生提到，影响他们

[1]　预研究中各维度的累计解释率都不高（29%—50%），这可能是因为题项数量较多，而样本数量较少。

英语学习兴趣的原因是“老师不懂装懂”、“看老师装的样子很来气”，这说明学生对教师的责任心和为人做事的风格看得比较重要，这些也可能是影响学生学习动机减退的原因，因子被命名为“教师责任心”。

因子 3 涵盖的内容都与教师的“教学基本功”紧密联系。例如学生认为他们英语学习动机减退可能是因为英语老师基础知识不牢固、讲错知识点（第 25 题）、单词经常拼错（第 30 题）、发音不标准（第 32 题）、板书很糟糕（第 5 题）。周慈波、王文斌（2012）的研究发现教师的英语基本功，例如口语水平不高、发音不准确是导致学生英语学习动机减退的重要因素。因子 3 被命名为“教学基本功”。

4.1.2.2 社会环境因素

表 4-3 显示，因子分析的 KMO=0.712（χ^2= 383.739，*df*=36，sig=0.000），自然析出的三因子累计解释总变异的 39.630%，各题项的共同性除了第 2 题稍低于 0.20 以外，其余都超过了 0.20。各因子的信度值在 0.598—0.690，信度值较好。

表 4–3　社会环境因素探索性因子分析样式（结构）矩阵表

题项内容	因子 1 经济支持	因子 2 智力支持	因子 3 他人影响	共同性
an9 家里条件有限，父母没给我报英语辅导班。	0.728/0.709			0.505
an13 家里条件有限，父母没给我购买英语辅导书等学习材料。	0.606/0.647			0.427
an39 家里条件有限，我没有录音机、英语电子词典等学习英语用的电子产品。	0.579/0.614			0.388
an6 父母几乎不会英语，所以无法陪我练习英语口语。		0.744/0.744		0.576
an41 父母无法辅导我的英语学习。		0.433/0.494		0.291
an46 父母说学好汉语就行了，英语学不学无所谓。			0.699/0.731	0.578
an26 父母不鼓励我学英语。			0.528/0.534	0.307
an50 我的好朋友不爱学英语，我也不爱学。			0.494/0.521	0.301
an2 父母英语不好（甚至不会英语）也能赚钱养家，我以后也可以这样。			0.337/0.368	0.194
累计解释百分比	24.119	33.014	39.630	—
内在信度值	0.690	—	0.598	—

因子1的题项与学习者的家庭经济条件有关，如家庭经济条件所限，父母没有给孩子买英语辅导材料（第9题）等，因此被命名为“经济支持”。因子2的两个题项主要说明父母能否对孩子的英语学习进行辅导（第41题），能否和孩子一起练习英语口语（第6题），因此被命名为“智力支持”。刘宏刚（2012）研究发现，不同社会阶层的家长对孩子的英语智力支持是有显著差异的，高阶层家长可能由于接受过更多的英语教育而能给孩子进行简单的英语辅导，而低阶层家长则大多数没有这个能力，这一发现可能对由于“智力支持”的不足而导致学生英语学习动机减退提供佐证。因子3包含4个题项，既有父母对英语学习的看法对孩子学习英语动机减退的影响（第46题）；也有家长的实际做法，如不鼓励孩子学英语对孩子学习英语动机的影响（第26题）；另外还有周围的朋友不爱学英语对学习者产生厌学情绪的影响，该因子被命名为“他人影响”。丁晓晖（2010）、于佳凝（2011）、靳铁柱（2013）的研究发现家人和周围的朋友对待英语学习的态度对学生英语学习动机有重要影响，本研究的发现印证了他们的研究结果，同时发现父母的看法和做法对学生的英语学习动机也有重要影响，这是对前人研究的一个推进和扩展。

4.1.2.3 学习者因素

学习者因素自然析出3个因子，KMO=0.863（χ^2= 964.016，*df*=55，sig=0.000），三因子累计解释总变异的50.187%，各题项的共同性在0.277—0.655（超过了0.20的理论阈值），各因子的内在信度值超过了0.80，以上数据说明因子分析的各项指数达到了理论阈值（详见表4-4）。

表 4-4　学习者因素探索性因子分析样式（结构）矩阵表

题项内容	因子 1 语言态度	因子 2 学习焦虑	因子 3 自信心	共同性
an19 英语对于我以后找工作不会有太大帮助。	0.768/0.803			0.655
an58 英语学习对我汉语表达能力有负面影响。	0.683/0.658			0.437
an52 我觉得爱国就不要学英语。	0.623/0.646			0.418
an12 我觉得学好汉语就够了，没有必要学英语。	0.612/0.739			0.581
an44 英语国家的文化对我有不好的影响。	0.530/0.521			0.277
an34 英语考试的时候，我感到紧张。		0.715/0.721		0.527
an38 上英语课回答不出老师的提问，我很紧张。		0.552/0.581		0.344
an18 我英语成绩是所有科目中最差的，所以我很灰心。			− 0.771/ − 0.791	0.643
an8 我对自己的英语学习不自信。			− 0.760/ − 0.753	0.556
an23 我在英语学习方面没有达到老师的要求，自信心受到打击。			− 0.676/ − 0.740	0.577
an49 我在英语学习方面没有达到父母的期望，自信心受挫。			− 0.569/ − 0.677	0.505
累计解释百分比	36.396	45.042	50.187	—
内在信度值	0.804	—	0.829	—

因子 1 包括 5 个题项，从不同侧面阐释了语言态度对学生学习英语动机的作用。这其中有对英语本身的态度（第 58 题）；有对英语国家文化的看法（第 44 题）；有以汉语自居的看法（第 52 题）；有关于英语在学生未来发展中作用的态度（第 19 题），该因子被命名为“语言态度”。周慈波（2012）发现中日两国学生都存在由于母语影响带来的对英语学习的抵触情绪，这导致了学生的动机减退，本研究的发现与之相似。[1]

因子 2 的两个题项与学生的语言学习焦虑有关，因此被命名为“学习焦虑”。胡卫星、蔡金亭（2010）、饶素芳（2011）研究发现，学习焦虑会导致学生的动机减退。

因子 3 的 4 个题项从不同角度描述了学生英语学习动机减退的原因是缺

[1]　预研究中各维度的累计解释率都不高（29%—50%），这可能是因为题项数量较多，而样本数量较少。

乏英语学习的自信心，如在英语学习上没有达到老师的要求（第 23 题）和父母的期待（第 49 题）而对自己的英语学习不自信（第 8 题），因此被命名为“自信心”。于莹（2012）在对某大学英语网络课程学员学习动机减退原因调查时发现，由于学习过程中的挫折导致学生逐渐失去英语学习自信心是重要的动机减退因素。

4.1.2.4 学习环境因素

学习环境因素自然析出两个因子[1]，KMO=0.652[2]（χ^2= 0.652，df=10，sig=0.000），因子累计解释总变异的29.690%，各题项的共同性在0.165—0.425，其中 47 题的共同性较低，有待于在后续的验证性因子分析中进行进一步地探索。因子 1 的内在信度值为 0.426，虽然信度值较 0.70 的理论要求值小了很多，但在应用语言学研究领域，由于题项数量少、样本数量少而造成了信度值低于 0.05 的情况也是存在的（秦晓晴 2003）（详见表 4-5）。

表 4–5　学习环境因素探索性因子分析样式（结构）矩阵表

题项内容	因子 1 英语课程	因子 2 教学设备	共同性
an55 英语教材的配套学习资料较少。	0.454/0.480		0.240
an29 英语课文不好学（如课文长、生词多）。	0.433/0.498		0.305
an47 教材的课文练习多。	0.420/0.385		0.165
an14 英语课教学老师不使用多媒体（如电脑、投影灯）进行教学。		− 0.668/ − 0.648	0.425
an21 学校的教学设备陈旧，不利于外语教学。		− 0.427/ − 0.509	0.350
累计解释百分比	22.085	29.690	—
内在信度值	0.426	—	—

因子 1 从教学的内容（第 29 题）、教材配套练习（第 47 题）和其他配套资源（第 55 题）3 个角度揭示了导致学生学习动机减退的原因，因此被命

[1] Hair, *et al*（2010）认为 1 个因子下面至少要包含两个题项。就学习环境因素而言，其下面包含两个因子是合乎统计要求的。

[2] KMO 值不高，但是可以做因子分析（秦晓晴 2003）。

名为“英语课程”。值得注意的是第 47 题的共同性只有 0.165，说明共同性指数较差，考虑到因子建构的问题，在探索性因子分析阶段保留该题项，待验证性因子分析阶段再对该题项是否适宜进入学习环境因子进行探讨。

因子 2 的两个题项与教学设备有关。几乎所有的动机减退研究都提到了教学设备的不足导致学生英语学习动机的减退（如 Chambers 1993; Dörnyei 1998b; 周慈波 2012；周慈波、王文斌 2012），本研究也发现教师不使用多媒体教学（第 14 题）以及学校的外语电化教学设备陈旧（第 21 题）对学生学好英语有负面影响，故将该因子被命名为“教学设备”。

探索性因子分析结果回答了研究问题，即动机减退影响因素模型的 4 个构成要素分别由不同类型的因子组成，其中教师因素包括教师教学基本功、教师责任心、教师教学内容与技能；社会环境因素由经济支持、智力支持和他人影响 3 个因子构成；学习者因素包括学习者对英语、英语国家文化的语言态度，学习焦虑和学习自信心 3 个因子；学习环境因素包括英语课程和教学设备两个因子。具体的维度结构、题项分布及各维度 / 因子信度详见以下内容（见表 4-6）。

表 4–6 因子分析后各因素及其所含因子题项分布

因素	因子	题项分布
教师因素 (n=15)	教学基本功 (n=4)	5,25,30,32
	教师责任心 (n=5)	20,33,40,42,45
	教师教学内容与技能 (n=6)	11,17,28,51,53, 57
社会环境因素 (n=9)	经济支持 (n=3)	9,13,39
	知识支持 (n=2)	6,41
	他人影响 (n=4)	2,26,46,50
学习者因素 (n=11)	语言态度 (n=5)	12,19,44,52,58
	学习焦虑 (n=2)	34,38
	自信心 (n=4)	8,18,23,49
学习环境 (n=5)	英语课程 (n=3)	29,47,55
	教学设备 (n=2)	14,21

4.1.3 动机减退影响因素的验证性因子分析

验证性因子分析所用数据为257。首先，我们根据4.1中得到的因子结构对每个因子下面的子维度（题项在4个及以上）进行验证性因子分析。而后，我们对每个因子进行全模型分析。最后，我们将前面两步得到的每个因子综合进行动机减退因素的全模型验证性因子分析。

4.1.3.1. 教师因素

分别对教师基本功、教师责任心和教学内容及技能3个子维度进行验证性因子分析。结果显示教师责任心因子的第20题和第33题存在共线现象，即老师在给学生鼓励的时候（第20题）也可能给学生一些学习上的建议（第33题），二者可能存在一定的联系，因此可以建立二者的共变关系（见图4-1）。教师教学内容和技能维度提示第51题和第53题共线，在日常教学中，教学速度比较快的老师给学生上课时容易讲不清楚知识点，导致学生不理解所讲内容，二者有一定的逻辑联系，因此可以建立二者的共变关系（见图4-2）。

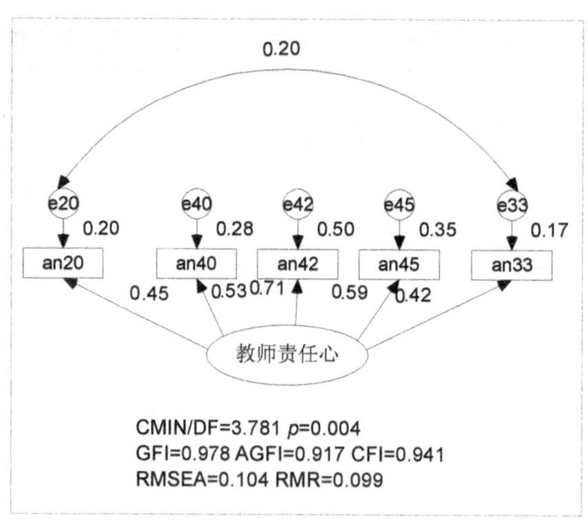

图4-1 教师责任心模型

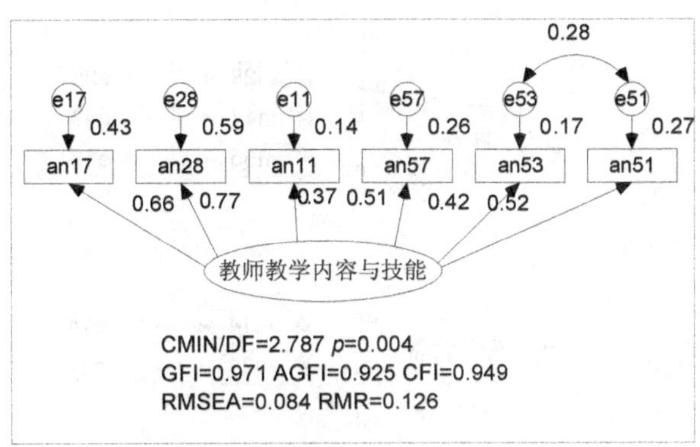

图 4–2　教师教学内容与技能模型

我们确定了 3 个子维度的构成后，进行教师因子的全测量模型的验证性因子分析，发现 3 个子维度之间的相关系数在 0.64—0.66，各维度的显变量的因子负荷在 0.40 以上，修正指数基本上达到理论要求值（见表 4-7）。

表 4–7　教师因素验证性因子分析的题项分布及拟合指数表

	题项分布	χ^2/df <3	P	GFI >0.90	AGFI >0.90	CFI >0.90	RMSEA <0.08	RMR <0.08
教学基本功	5；25；30；32	0.992	0.371	0.996	0.981	1.000	0.000	0.024
教师责任心	20；33；40；42；45	3.781	0.004	0.978	0.917	0.941	0.104	0.099
教师教学内容与技能	11；17；28；51；53；57	2.787	0.004	0.971	0.925	0.949	0.84	0.126
全模型	—	1.679	0.000	0.926	0.895	0.688	0.051	0.174

4.1.3.2 学习环境因素

探索性因子分析结果显示第 47 题的共同性小于 0.20，此外，学习环境因素下的英语课程和教学设备维度包含题项数量较少，不足以进行因子的单独验证性分析，因此我们通过直接建立全模型的方法，来探查第 47 题的合理性和整个因子的内在结构的有效性。结果显示，各项拟合指数基本达到要求，但二者相关性为 0.79，接近 0.80；同时第 47 题的因子负荷仅为 0.11（见图 4-3），因此删除第 47 题（见图 4-4）。

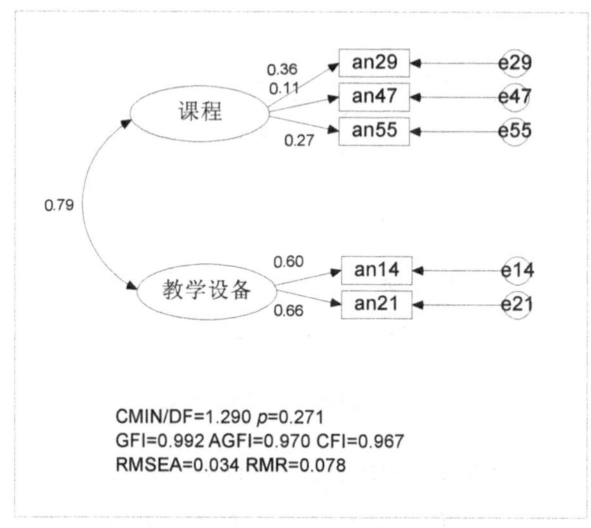

图 4–3 学习环境全模型

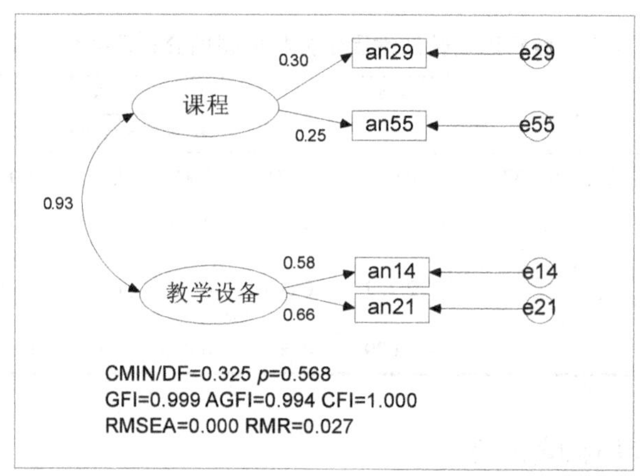

图 4–4 学习环境修正模型 1

第 47 题删除后，两个维度的相关系数高达 0.93，说明二者具有高度共线性，因此考虑将两个子维度进行合并（见图 4-5）。合并后的第 55 题因子负荷为 0.21，低于 0.30 的最低值，因此考虑删除第 55 题。最后得到含有 3 个题项的学习环境因子（见图 4-6）。

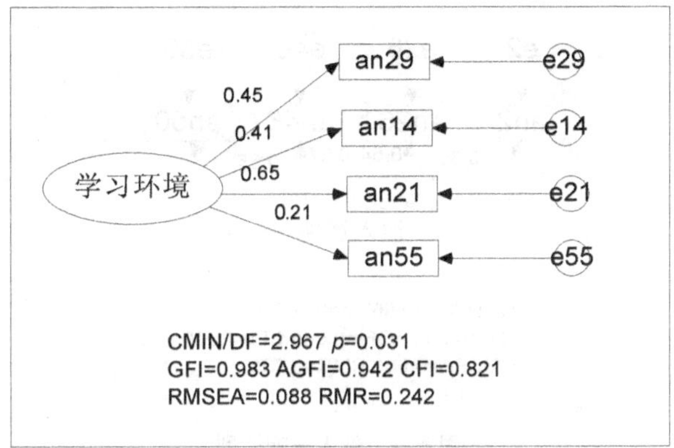

图 4–5　学习环境修正模型 2

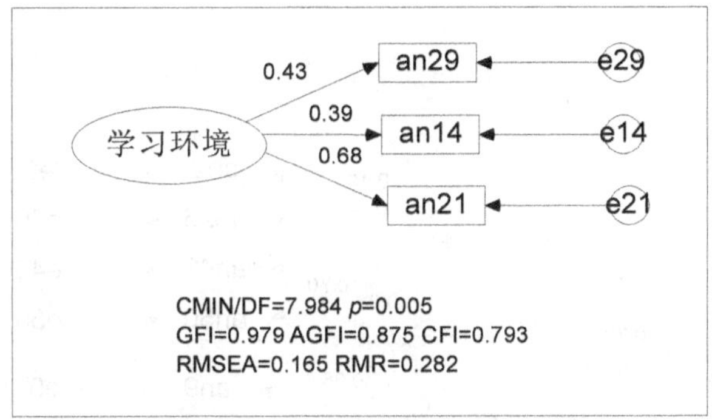

图 4–6　学习环境最终模型

表 4-8 显示的最终模型的各项拟合指数不是很理想，这也启示我们要在今后的研究中加强对学习环境因素的考察，以完善该因素的组成。

表 4–8　学习环境因素验证性因子分析的拟合指数及题项分布表

	题项分布	χ^2/df <3	P	GFI >0.90	AGFI >0.90	CFI >0.90	RMSEA <0.08	RMR <0.08
原始全模型	—	1.290	0.271	0.992	0.970	0.967	0.034	0.078
合并两维度	14 21 29 55	2.967	0.031	0.983	0.942	0.821	0.088	0.242
最终模型	14 21 29	7.984	0.005	0.979	0.875	0.793	0.165	0.282

我们对社会环境因素（见图 4-7、图 4-8）和学习者因素（见图 4-9、图 4-10）也分别进行了验证性因子分析，结果显示模型的各项拟合指数基本达到拟定的标准。

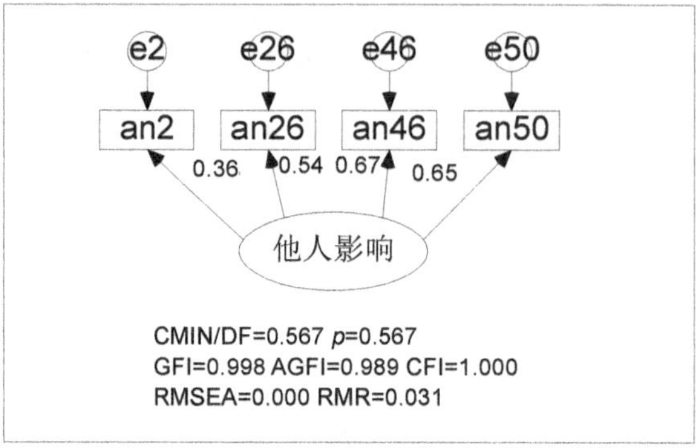

图 4-7　他人影响模型

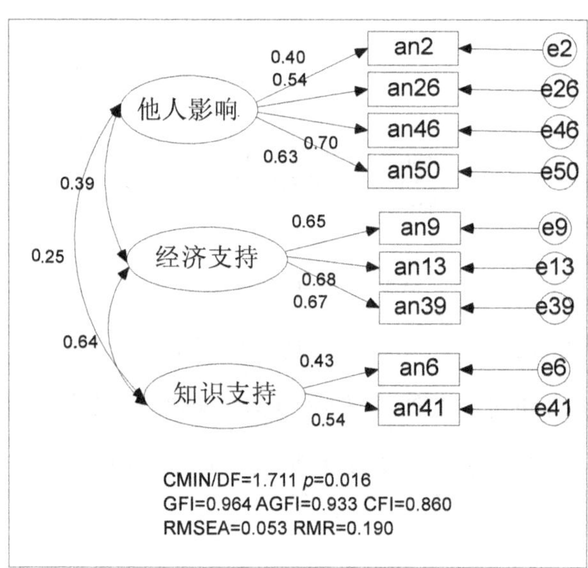

图 4-8　社会环境全模型

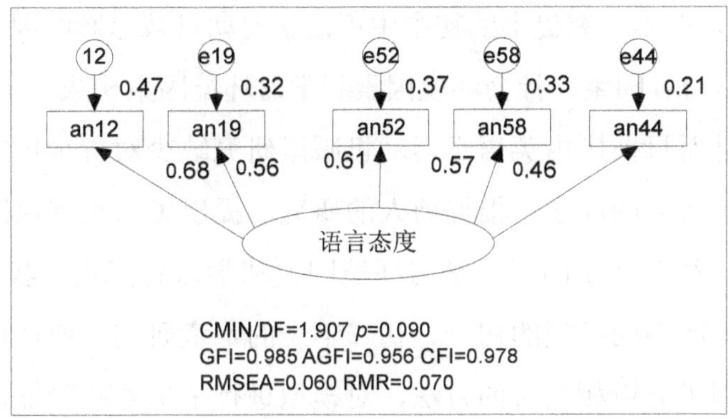

图 4-9　语言态度模型

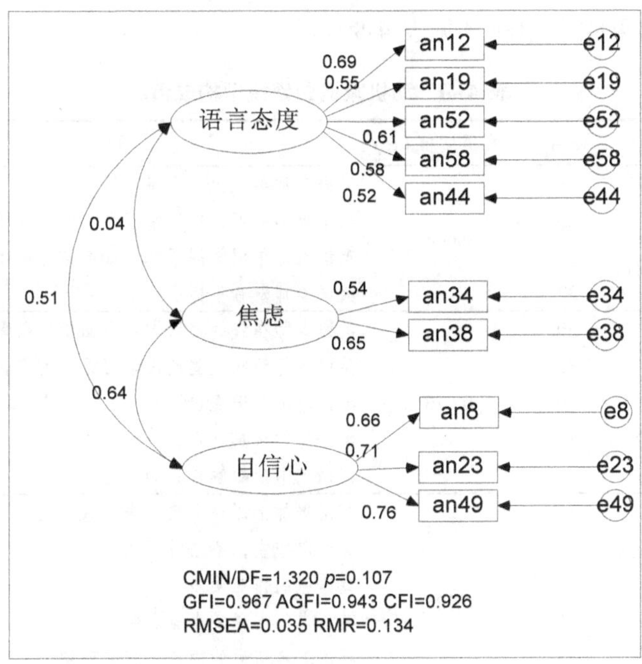

图 4-10　学习者因素全模型

验证性因子分析结果显示，除学习环境因素删除了第 47 题和第 55 题两个题项之后由两个因子构成变成单一因子；教师因素的是第 51 题和第 53 题、第 20 题和第 33 题这两对题项建立共变关系以外，其余因素构成与探索性因子分析无差异。我们通过计算所有因子之间的相关系数发现，各因子之间的相关系数均在 0.70 以下，说明各因素的构成合理、稳定。这一结果回答了研究问题（2），即本研究提出的初中生英语学习动机减退影响因素模型可以由教师因素、学习者因素、社会环境因素和学习环境因素构成。

本研究针对目前国内英语学习动机减退研究缺少对青少年，特别是初中生的系统定量研究的问题，根据前人的研究，提出了动机减退四因素模型，即教师因素、社会环境因素、学习环境因素和学习者因素。我们通过对 505 名来自 3 个地区不同类型的初一、初二学生的定量研究，通过探索性因子分析和验证性因子分析相结合的方法，对模型进行了探索和验证，最终发现除学习环境因素由二元因子变为单一因子以外，其他因素所包含的因子与探索性因子分析结果完全相同（见表 4-9）。

表 4–9　动机减退因素模型构成情况

因素	因子	题号	内在信度值(α)	题项内容
教师因素 (n = 15) α =0.806	教学基本功 (n = 4)	5	0.648	英语老师英文板书写得不好。
		25		英语老师的英语知识掌握得不好（如讲错知识点）。
		30		英语老师单词掌握不好（如经常写错单词）。
		32		英语老师发音不标准。
	教师责任心 (n = 5)	20	0.676	英语老师在我的英语学习方面给了很多鼓励。
		33		英语老师给我一些英语学习方面的有益建议。
		40		英语老师很谦虚（如遇到自己讲错的地方会及时纠正）。
		42		英语老师认真负责。
		45		英语老师耐心解答我的问题。
	教师教学内容与技能 (n = 6)	11	0.725	英语老师上课很少组织我们做游戏、搞活动。
		17		英语课拖堂，不按时下课。
		28		英语课的作业太多。
		51		英语老师上课节奏有点快。
		53		英语老师所讲的内容不容易理解。
		57		英语小测验太多。

续表 4-9

因素	因子	题号	内在信度值(α)	题项内容
社会环境因素 (*n* = 9) α =0.663	经济支持 (*n* = 3)	9	0.678	家里条件有限，父母没给我报英语辅导班。
		13		家里条件有限,父母没给我购买英语辅导书等学习材料。
		39		家里条件有限，我没有录音机、英语电子词典等学习英语用的电子产品。
	知识支持 (*n* = 2)	6	—	父母几乎不会英语，所以无法陪我练习英语口语。
		41		父母无法辅导我的英语学习。
	他人影响 (*n* = 4)	2	0.618	父母英语不好（甚至不会英语）也能赚钱养家，我以后也可以这样。
		26		父母不鼓励我学英语。
		46		父母说学好汉语就行了，英语学不学无所谓。
		50		我的好朋友不爱学英语，我也不爱学。
学习者因素 (*n* = 11) α =0.773	语言态度 (*n* = 5)	12	0.714	我觉得学好汉语就够了，没有必要学英语。
		19		英语对于我以后找工作不会有太大帮助。
		44		英语国家的文化对我有不好的影响。
		52		我觉得爱国就不要学英语。
		58		英语学习对我汉语表达能力有负面影响。
	学习焦虑 (*n* = 2)	34	—	英语考试的时候，我感到紧张。
		38		上英语课回答不出老师的提问，我很紧张。
	自信心 (*n* = 4)	8	0.794	我对自己的英语学习不自信。
		18		我英语成绩是所有科目中最差的，所以我很灰心。
		23		我在英语学习方面没有达到老师的要求，自信心受到打击。
		49		我在英语学习方面没有达到父母的期望，自信心受挫。
学习环境 (*n* = 3)	课程、设备	29	0.485	英语课文不好学（如课文长、生词多）。
		14		英语课教学老师不使用多媒体（如电脑、投影灯）进行教学。
		21		学校的教学设备陈旧，不利于外语教学。

第一次预研究将社会环境因素纳入动机减退影响因素中来，是对目前动机减退研究的一个尝试性探索。本研究为今后国内该领域的同类研究提供了具有较高信效度的测量工具。当然，本研究也存在一些不足，例如样本量较小，可能在一定程度上影响了数据的拟合；学习环境因素的总体信度值小于0.500，诚然信度值与样本数量有着密切的关系，应用语言学研究中信度值小于 0.500 的也屡见不鲜（秦晓晴 2003），但该因素的建构比较单一，仍需要在未来的研究中对此进行深入挖掘。

4.2 第二次预研究

第一次预研究为国内中学生英语学习动机减退领域的研究做了有益的探索，但部分题项设计有待合理化；抽样范围有限，没有覆盖初一到初三3个年级的学生，可能影响了问卷的推广度。另外，第一次预研究没有相关的动机行为题项。因此，我们在第二次预研究过程中对问卷进行了修订，扩大了抽样范围，增加了动机行为题项，期待本次研究为正式研究打下坚实的基础。

4.2.1 研究设计

4.2.1.1 研究问题

（1）初中生英语学习动机减退影响因素由哪些维度构成？

（2）初中生英语学习动机强度由哪些维度构成？

（3）影响因素和动机强度的信度、效度如何？

4.2.1.2 研究对象与抽样

本研究从东北老工业基地（吉林市、辽宁省）、东部沿海地区（江苏省）、中部地区（河南省、安徽省）和西部地区（重庆市、内蒙古自治区、广西壮族自治区），抽取30所学校，其中农村中学21所，城市中学9所。总样本中，男女生的人数各为596人和578人，县城、镇和城市中学总人数分别为425人、364人、385人；重点中学、一般中学的人数分别为561人和613人；3个年级的人数分别为391人、410人和373人，从人数分布看，抽样比例较为均衡。

4.2.1.3 研究问卷设计

研究问卷分为3个部分：动机状态自评（1个题）、39个动机减退影响因素题项和12个动机行为题项，具体问卷维度和题项分布如下（见表4-10）。

表 4-10　问卷维度、题项分布及举例

维度	题项分布	题项举例
教师因素	2；6；9；12；14；16；19；21；22；24；25；30；34	2 教我的英语老师英文板书写得不好。
社会环境因素	3；5；8；27；28	5 家里条件有限，父母没给我报英语辅导班。
学习者因素	1；4；10；15；18；23；26；35；7；11；17；29；31；36；37；39	18 英语教材对我来说不难学。
学习环境因素	13；20；32；33；38	13 学校的教学设备陈旧，不利于外语教学。
动机减退行为	40—51	42 我不按时完成英语作业。

注：反向题项为 6；12；18；24；25；30；44；45；46；51。

4.2.1.4 研究过程

2013 年 9—12 月，我们进行了第二次问卷调查，发放问卷 1 300 份，回收 1 275 份，从问卷中挑选出动机状态选项为“3 ＝我以前喜欢学英语，现在越来越不爱学了”（即有学习动机减退发生的选项）的问卷 1 243 份，再从中删除带有缺失值的数据和相关的奇异值数据 72 份，最终有效数据为 1 174 份，问卷有效率为 94.21%。

运用 SPSS 的个案抽取程序将 1 174 份数据，按照 50% 的比例进行拆分，分别生成数据 A（n ＝ 595 份）和数据 B（n ＝ 579 份）。使用数据 A 进行探索性因子分析；使用数据 B 进行验证性因子分析，由此确定了最终的动机减退影响因素模型结构。

4.2.2 动机减退影响因素和动机行为的探索性因子分析

经过 5 轮因子分析，最终自然析出 7 个因子，KMO ＝ 0.888，三因子累计解释总变异的 49.810%。各题项的共同性都在 0.20 以上，各因子的内在信度值在 0.521—0.772（详见表 4-11），整体信度值为 0.827。

表 4-11 动机减退影响因素的探索性因子分析样式（结构）矩阵表

题项内容	因子 1 语言态度	因子 2 自信心	因子 3 教师责任心	因子 4 父母辅导	因子 5 学习内容	因子 6 教师基本功	因子 7 经济支持	共同性
an37 我觉得爱国就不要学英语。	0.684/0.463							0.463
an31 父母说学好汉语就行了，英语学不学无所谓。	0.595/0.368							0.368
an7 我觉得学好汉语就够了，没有必要学英语。	0.503/0.323							0.323
an36 我的好朋友不爱学英语，我也不爱学。	0.418/0.327							0.327
an29 英语国家的文化对我有不好的影响。	0.411/0.298							0.298
an17 父母不鼓励我学英语。	0.381/0.244							0.244
an11 英语对于我以后找工作不会有太大帮助。	0.378/0.307							0.307
an39 学英语对我学汉语有负面影响。	0.349/0.303							0.303
an10 我英语成绩是所有科目中最差的，所以我很灰心。		0.508/0.327						0.327
an18 英语教材对我来说不难学。		0.484/0.243						0.243
an15 我在英语学习方面没有达到老师的要求，自信心受到打击。		0.465/0.292						0.292
an4 我对自己的英语学习不自信。		0.437/0.262						0.262
an35 我在英语学习方面没有达到父母的期望，自信心受挫。		0.418/0.295						0.295
an24 教我的英语老师和蔼可亲、容易接近。			— 0.708/0.484					0.484

续表 4-11

题项内容	因子 1 语言态度	因子 2 自信心	因子 3 教师责任心	因子 4 父母辅导	因子 5 学习内容	因子 6 教师基本功	因子 7 经济支持	共同性
an25 教我的英语老师很有教学热情。			− 0.707/0.517					0.517
an30 教我的英语老师耐心解答我的问题。			− 0.553/0.397					0.397
an12 教我的英语老师在英语学习方面给了我很多鼓励。			− 0.429/0.261					0.261
an6 教我的英语老师对所有学生一视同仁。			− 0.328/0.403					0.227
an3 父母几乎不会英语，所以无法陪我练习英语口语。				0.806/0.610				0.610
an28 父母无法辅导我的英语学习。				0.430/0.233				0.233
an32 英语小测验太多。					− 0.701/0.491			0.491
an33 教材的课文练习多。					− 0.539/0.344			0.344
an22 教我的英语老师发音不标准。						0.677/0.435		0.435
an21 教我的英语老师单词掌握不好（如经常写错单词）。						0.571/0.387		0.387
an16 教我的英语老师，英语知识掌握得不好（如讲错知识点）。						0.318/0.293		0.293
an5 家里条件有限，父母没给我报英语辅导班。							0.574/0.314	0.314
an8 家里条件有限，父母没给我购买英语辅导书等学习材料。							0.433/0.292	0.292

续表 4-11

题项内容	因子 1 语言态度	因子 2 自信心	因子 3 教师责任心	因子 4 父母辅导	因子 5 学习内容	因子 6 教师基本功	因子 7 经济支持	共同性
an27 家里条件有限，我没有录音机、英语电子词典等学习英语用的电子产品							0.413/0.247	0.247
累计解释百分比	21.186	27.185	32.755	37.454	41.686	45.841	49.810	—
内在信度值	0.772	0.649	0.720	—	—	0.623	0.521	—

因子 1 与学生的语言态度有关，该因子由两个部分组成：①学生的英语学习态度，例如学生对英语国家文化的态度（如第 29、39 题）、学英语与国家认同的认识（第 37 题）等。②家长对英语学习态度的影响，如父母不鼓励学生英语学习（第 17 题）、父母说“学好汉语就好，英语可学可不学”（第 31 题），这体现了学生英语学习态度形成的一个原因，因此将该因子命名为 “语言态度”。这与刘宏刚、应斌（2013）的发现有类似之处，但在他们的初步探索中，语言态度因子不包括“父母对英语学习的态度”这个部分，本研究的大样本分析包含了这个部分。这体现了初中生在成长阶段，他们的语言态度容易受到外界影响，而父母作为和他们接触最多的人，他们对于英语的负面看法，可能导致学生消极的语言态度的产生，进而影响学生的英语学习动机。这与周慈波（2012）、周慈波、王文斌（2012）的研究发现相似。

因子 2 与学生英语学习中的自信心有关系。这里既有学生因为没有达到老师或者父母的要求而产生的自信心的减退（第 15、35 题），也有学生因为英语成绩差，而对该科目的学习丧失信心的题项（第 10 题），还包括在具体的英语学习中遇到的问题对学生英语学习的影响（第 18 题）[1]，因此命名该因子为“自信心”。这与刘宏刚、应斌（2013）的研究结果相同，于莹（2012）在对某大学英语网络课程学员学习动机减退原因调查时发现，由于学习过程中的挫折导致学生逐渐失去英语学习自信心是重要的动机减退因素。

[1] 由于 18 题进行了题项反转，因此这里的正确理解是英语教材对学生来说比较难学。

因子3与教师的个性特点相关。如教师平易近人（第24题）、有教学热情（第25题）、耐心解答学生提出的问题（第12题）、给学生学习上的鼓励（第12题），这些都反应了教师在教学过程中恪尽职守、关心学生的责任感，因此该因子被命名为“教师责任心”。

因子4和因子5是分别由两个题项构成的因子[1]，这两个因子分别与父母对学生的辅导以及学生的学习内容有关系。因此，命名因子4为“父母辅导”，命名因子5为“学习内容”。这两个因子与刘宏刚、应斌（2013）的研究结果略有不同，在后者的研究中，父母辅导是由3个题项构成的因子，而在本研究中这个维度只由两个题项构成；学习内容因子与刘宏刚、应斌的发现有所不同，在他们的探索中，学习内容因子与学习环境因子有关，而且在题项上也多于本研究，而本研究该维度只有学生关于“测验和课文练习较多”的抱怨，这突出了在学生学习过程中，课业负担可能带给他们学习动机的影响。

因子6反映了教师的业务能力，如英语发音、单词的掌握和对整体英语知识的把握。这些方面如果掌握不好，很可能导致学生的动机减退的发生，因此命名该因子为“教师基本功”。这与前人的研究有很大的相似度，也反应了教师的基本功对学生英语学习的重要性。

因子7与学生所在家庭的经济条件有很大关系。例如家庭条件不好，父母没法给孩子报英语班，这可能对孩子来说失去了补充知识和提高自己的机会，而由此可能会影响到学生的英语考试成绩等方面，进而间接导致学生对英语学习失去兴趣。因此，命名该因子为“经济支持”，这与刘宏刚、应斌的研究相似，再次表明了不论是城市还是县城、镇的初中生，家长直接或者间接地对孩子在英语上的经济投资已经成为可能影响学生英语学习动机的重要因素。

---

[1]　Hair, *et al*（2010）认为探索性因子分析得出的因子至少要包含2个题项。应用语言学动机研究领域，也不乏研究者得出由2个题项支撑的动机因子，如高一虹等（2003）、Dörnyei & Chan（2013）。

综上所述，初中生英语学习动机减退因素由7个因子构成，缺少了前面研究中提及的教学内容、学习者焦虑这2个因子。学习环境因子缩小到与教材和测验有关的学习内容维度；父母对于学生的语言态度的影响归入到了学生语言态度的维度。参考刘宏刚、应斌的研究框架，结合本研究的数据，我们认为：以上动机类型可归为内部动机减退因素和外部动机减退因素。内部因素即学习者的自信心和语言态度；外部因素为教师因素（教师责任心、教学基本功）、社会环境因素（经济支持、父母辅导）、学习内容因素。验证性因子分析将按照这个分类逐一进行。

动机行为部分，经过两轮因子分析，最终自然析出两个因子，KMO=0.846，因子累计解释总变异的52.207%。各题项的共同性都在0.30以上，因子内在信度值分别为0.810和0.83（详见表4-12），整体信度值为0.851。因子1和因子2分别与教师的课堂行为和课后行为有关，因此分别命名为课堂动机行为和课后动机行为。

表4–12　动机行为的探索性因子分析样式（结构）矩阵表

题项内容	因子1 课堂动机行为	因子2 课后动机行为	共同性
an49 课堂	0.796/0.788		0.621
an50 课堂	0.745/0.703		0.502
an48 课堂	0.686/0.723		0.529
an47 课堂	0.620/0.626		0.393
an43 课堂	0.554/0.583		0.343
an45 课后		− 0.899/ − 0.874	0.767
an46 课后		− 0.800/ − 0.778	0.607
an44 课后		− 0.670/ − 0.705	0.502
an51 课后		− 0.629/ − 0.654	0.430
累计解释百分比	37.313	52.141	—
内在信度值	0.810	0.836	—

4.2.3 动机减退影响因素和动机行为的验证性因子分析

4.2.3.1 动机减退影响因素的验证性因子分析

（1）外部因素的验证性因子分析。根据探索性因子分析结果，建立教师责任心因子的测量模型（见图 4-11），从结果看，除了 χ^2/df 稍高于理论要求值，p 小于 0.05 以外，其余各项主要拟合指数的指标都达到了理论值，因此接受这两个模型。为了检验模型之间是否存在高度共线性，建立教师基本功和教师责任心的整体测量模型（见图 4-12），显示两个因子的相关系数为 $r=0.56^*$，小于 0.80，同时拟合指数较为理想，因此教师因素的两个因子既有独立性，也存在一定的联系，可以从两个不同角度测量学生因为教师因素而导致的动机减退。根据理论设计，建立社会环境因素全模型，模型拟合指数很好（见图 4-13）。模型中，两个因子的相关系数为 $r=0.23^*$，说明两个因子彼此独立但又相互联系，能从两个方面测量社会环境因素对学生动机减退的影响。在确定所有的外部因素结构以后，建立外部因素的整体测量模型，结果发现外部整体测量模型各项拟合指数均达到理论要求，因此外部因素测量模型建构有效。

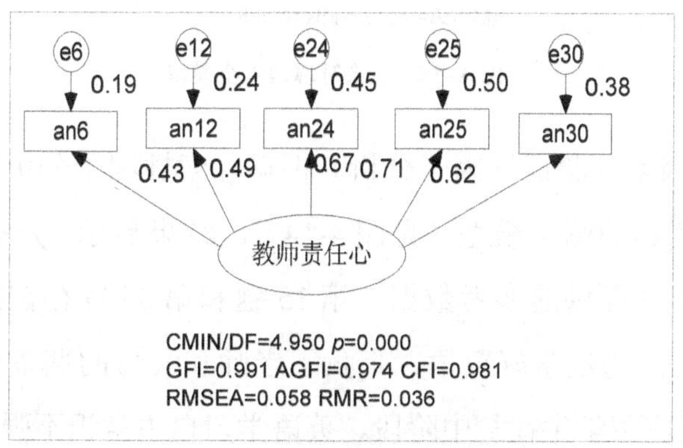

图 4-11　教师责任心原始模型

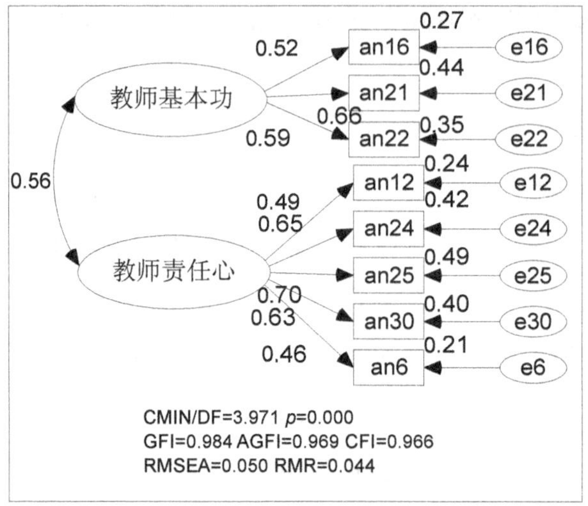

图 4-12　教师因素全模型

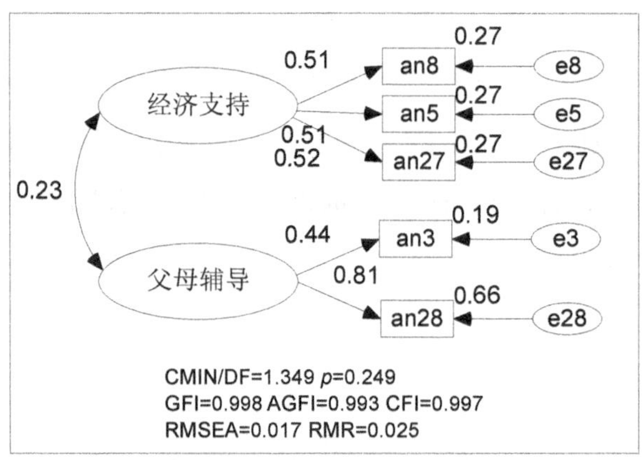

图 4-13　社会环境因素全模型

（2）内部因素的验证性因子分析。根据探索性因子分析结果，建立学习者英语学习自信心的测量模型（见图 4-14）。结果显示，χ^2/df 值稍高，参考系统的协方差矩阵提供的参考数据，第 15 题和第 35 题存在共变关系，两个题项描述了学生因为没学好英语，辜负了老师和父母的期望而在英语学习自信心上受挫，反应了学生在初中阶段，英语学习自主意识不强，学习英语好坏与是否达到父母和老师要求结合的现实，因此可以建立共变关系，得到最终模型（见图 4-15）。最终模型的各项拟合指数达到理论要求，因此接受该模型。

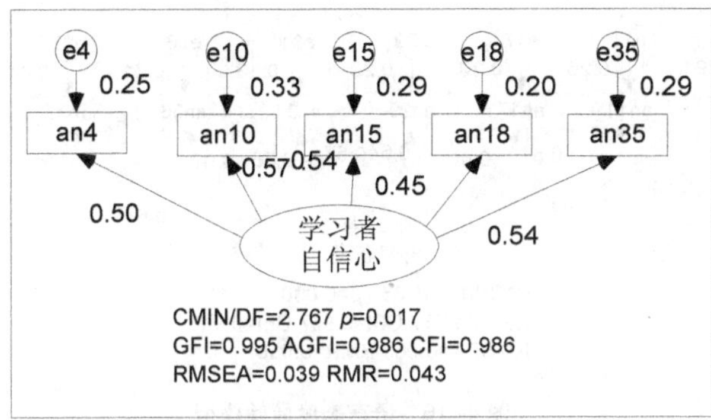

图 4–14　学习者自信心原始模型

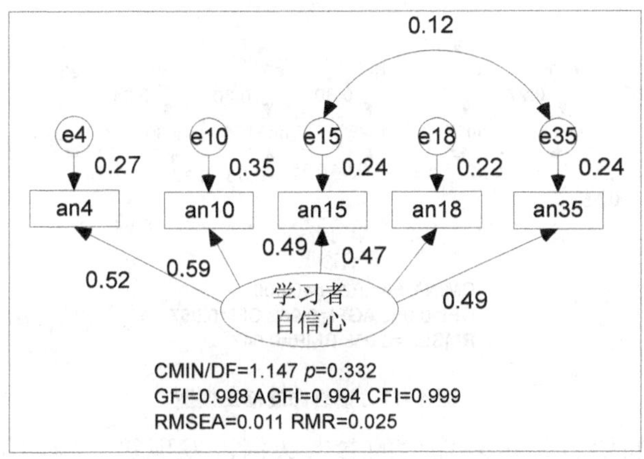

图 4–15　学习者自信心最终模型

根据探索性因子分析结果，建立语言学习态度测量模型（如图 4-16），结果显示，χ^2/df 值稍高，p 值也没有达到理论要求。参考系统的协方差矩阵提供的参考数据，第 17 题和第 31 题存在共变关系。父母在孩子英语学习中可能存在不鼓励他们学习英语的现象（第 17 题），其中一个表现就是父母将自己对于英语学习的看法外化在言语上影响孩子，例如对孩子说“学好汉语就行了，英语学不学无所谓”（第 31 题），因此可以建立两个题项的共变关系，得到修正模型（见图 4-17）。

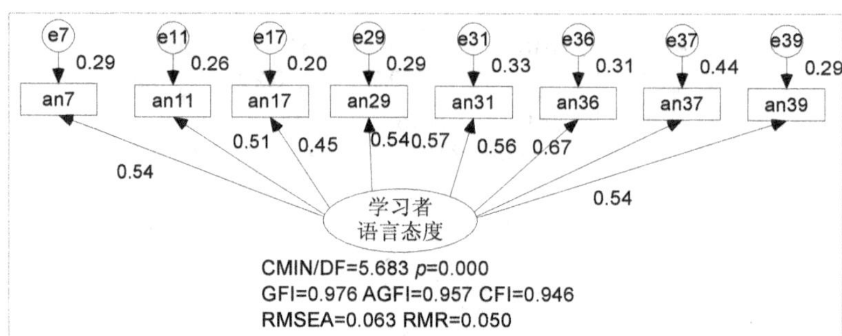

图 4–16 语言态度原始模型

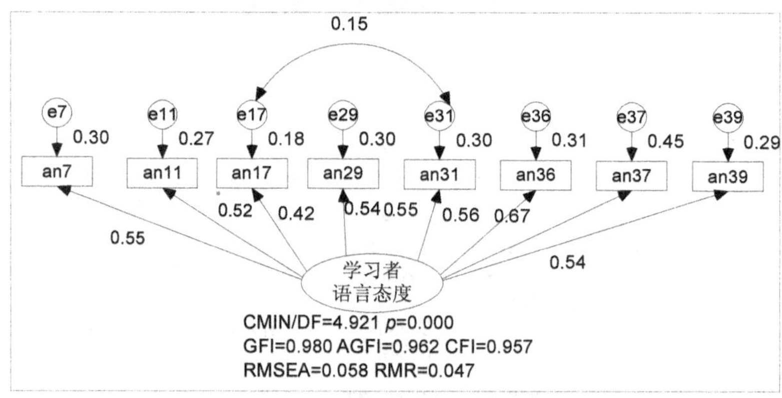

图 4–17 语言态度修正模型

参考系统的协方差矩阵提供的参考数据，发现第 7 题和第 11 题可能存在共变关系，分析后认为两个题项都反映了学生“英语学习无用论”的学习观念，因此可以建立共变关系，得到语言态度的最终模型（见图 4-18）。

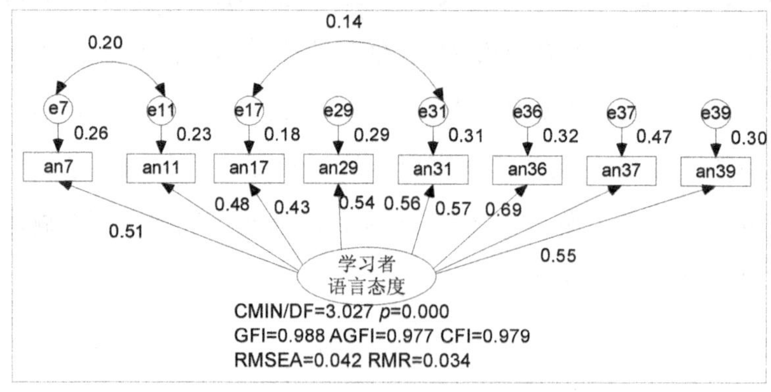

图 4–18 语言态度最终模型

在确定了自信心和语言态度两个因子的内在结构后，建立英语学习动机减退内部因素的整体测量模型（见图 4-19），结果显示，除了 χ^2/df 以及 p 值稍高于理论要求值外，RMR 稍高于 0.05 的理论值外，其他指标拟合指数较好，因此接受该整体测量模型。同时在测量模型中，语言态度和自信心的相关系数为 r=0.54*，说明这两个因子不具有共线性，独立的测量模型分析有效。

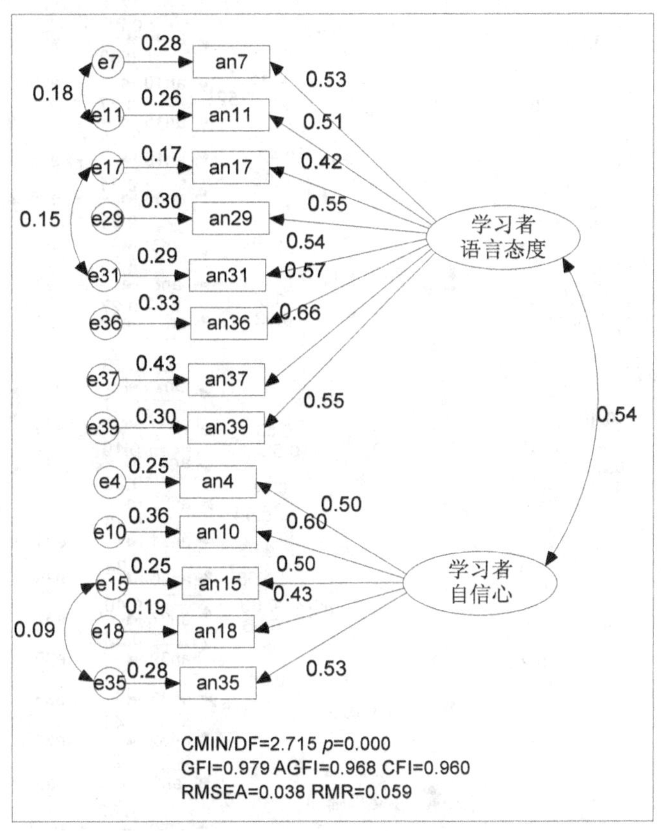

图 4–19　内部因素全模型

在确定了内外部因素各因子的测量模型有效后，建立了所有因子的整体测量模型（见图 4-20），模型的各项拟合指数符合理论要求，同时各因子之间的相关系数在 0.21—0.70，都小于 0.80，说明各因子之间彼此独立，没有高度共线，可以从内外部来测量导致学生学习动机减退的因素。

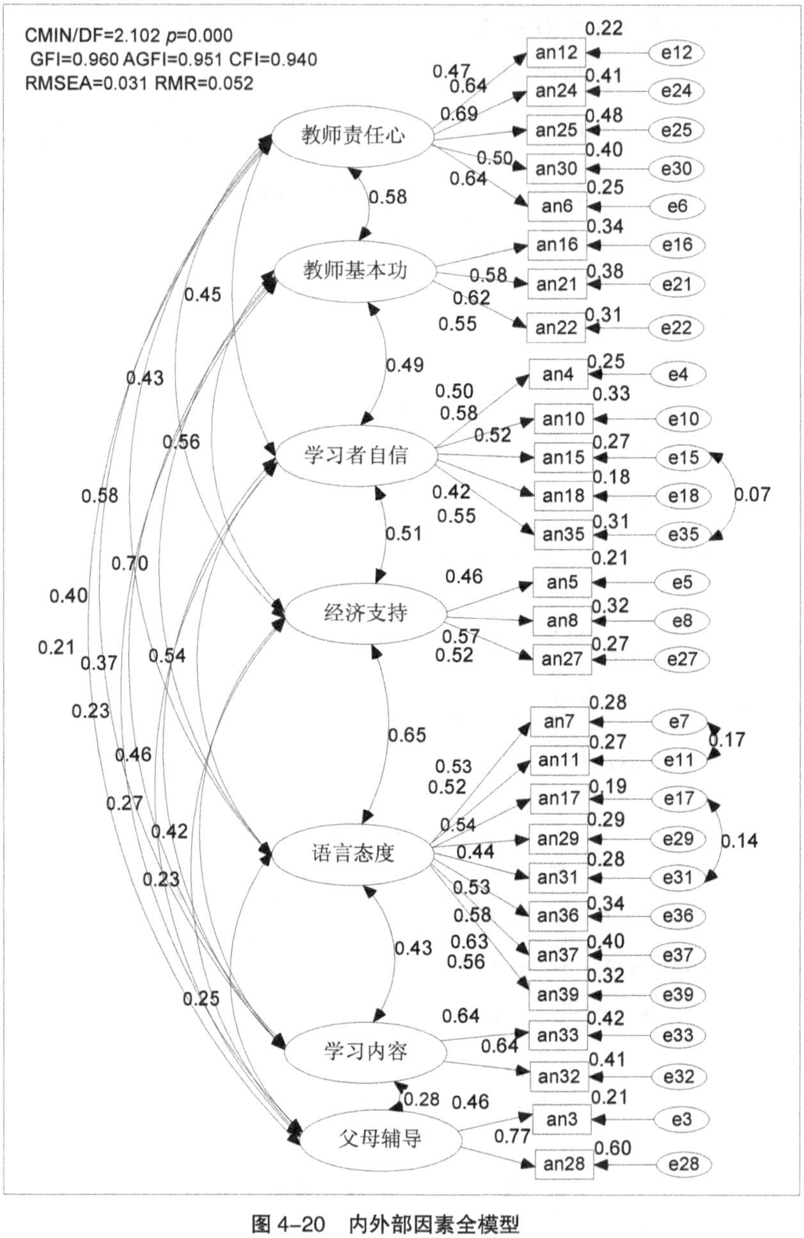

图 4–20　内外部因素全模型

4.2.3.2 动机行为验证性因子分析

根据探索性因子分析结果，建立课堂动机行为原始模型（见图 4-21），

χ^2/df 稍大，RMSEA 数值稍高，根据系统的协方差矩阵提供的数据，第 49 题和第 50 题存在共变关系。经过分析，我们认为学生上课开小差，不听课（第 49 题）的一个表现可能就是上课看别的资料（第 50 题），二者可以建立共变关系，于是得到课堂动机减退行为（最终模型）。最终模型的各项指数都达到了理论要求，因此接受该模型（见图 4-22）。

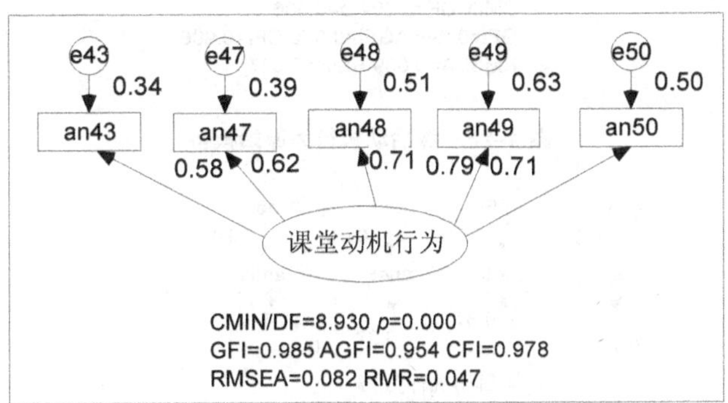

图 4-21　课堂动机行为原始模型

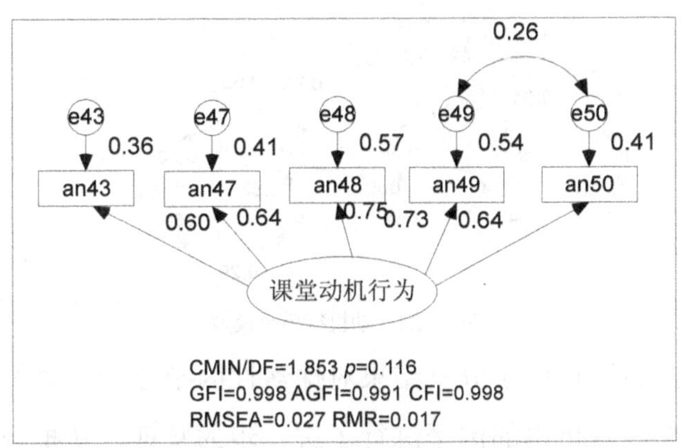

图 4-22　课堂动机行为最终模型

根据探索性因子分析结果，建立课后动机行为原始模型（见图 4-23），χ^2/df 稍大，但其他指数都达到了理论要求，因此接受该模型。最后，建立课堂行为全模型（见图 4-24），结果显示，课堂与课后动机行为相关系数为 0.44，其他各项指标也符合理论要求，说明课堂与课后动机行为的两个独立模型测量有效。

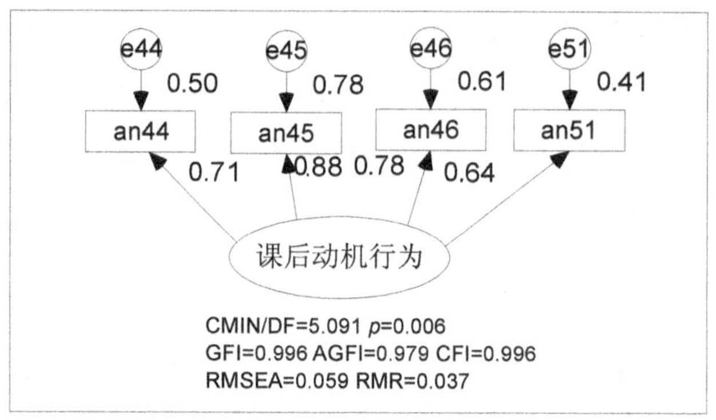

图 4-23　课后动机行为原始模型

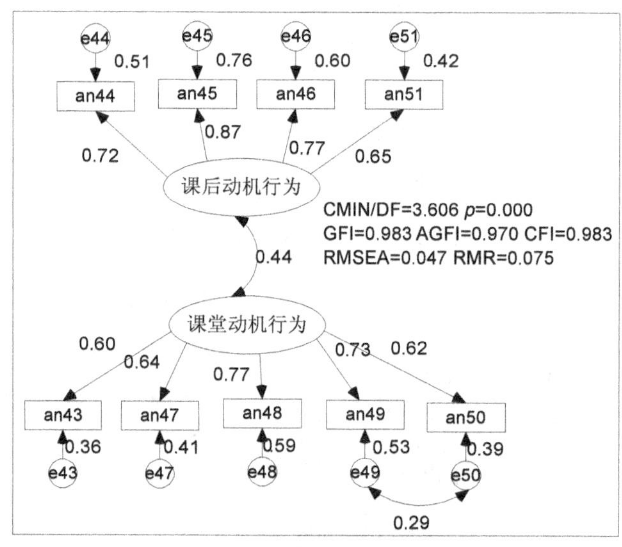

图 4-24　动机行为全模型

综上所述，验证性因子分析结果对探索性因子分析中动机减退影响因素和动机行为两个维度析出的因子进行了进一步的验证，从拟合指数、全模型相关系数等指标看，7 种动机减退影响因素和两类动机行为最终包含的题项与探索性因子分析的结果相同。

4.2.4 各因子的信度、效度和题项区分度分析

对于模型的效度，我们采用聚合效度（convergent validity）和区分效度（discriminant validity）两个指标。聚合效度一般是用潜变量上的因子负荷来

衡量，一般认为如果负荷值达到了 0.05 的显著水平，同时多数题项的因子负荷值在 0.50 以上，可以认为模型具有较好的聚合效度（Bagozzi,Yi, & Phillips 1991）。区分效度主要是测量不同特质的测验分数的相关度，一般认为在验证性因子分析中，如果结构之间的相关系数大于 0.80 或大于 0.85，那么这两个结构区分效度较差（Brown 2006）。

模型中动机影响因素和动机行为所包含的各因子中的显变量（即包含的题项）的因子负荷在 0.43—0.88（见图 4-11 至图 4-20），只有 4 个题项（6；12；18；29）的因子负荷小于 0.50 的理论值（0.43—0.49），因此问卷具有较高的聚合效度。我们通过建立全测量模型，发现动机减退因素各潜变量之间的相关系数在 0.21—0.69；动机行为潜变量之间的相关系数为 0.44，都小于 0.800，这说明问卷总体上具有较好的区分效度。

我们采用内在信度测量 SEM 中显变量的内在一致性，阈值设定在 0.05（Kline 2005）；采用组合信度，也称建构信度（construct reliability），作为检验潜变量的信度指标，最低接受值为 0.60（吴明隆 2011）。表 4-13 显示，动机减退因素和动机行为各因子的内在信度值在 0.521—0.836，组合信度在 0.518—0.842，达到了理论设定值，因此问卷具有较高的信度。

表 4-13　各因子的内在信度值和组合信度值

	动机减退影响因素							动机行为	
	学习者因素		教师因素		学习环境因素	社会环境因素			
	语言态度	自信心	教师责任心	教师基本功	学习内容	父母辅导	经济支持	课堂行为	课后行为
内在信度值	0.772	0.649	0.720	0.623	—	—	0.521	0.810	0.836
组合信度值	0.838	0.650	0.717	0.619	—	—	0.518	0.806	0.842

此外，我们还对所有 28 个题项进行了项目区分度检验，以样本量的 27% 抽取高分组和低分组，高分组、低分组的题项独立样本 T 检验结果显示，所有题项显著性均达到了 0.000 的水平，而且 95% 的置信区间不包括 0，因此推断各题项均具有较高的区分度。

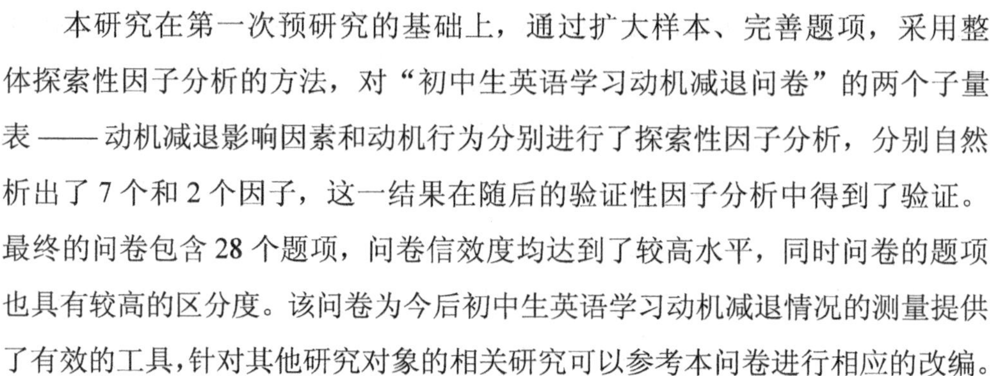

本研究在第一次预研究的基础上，通过扩大样本、完善题项，采用整体探索性因子分析的方法，对“初中生英语学习动机减退问卷”的两个子量表——动机减退影响因素和动机行为分别进行了探索性因子分析，分别自然析出了7个和2个因子，这一结果在随后的验证性因子分析中得到了验证。最终的问卷包含28个题项，问卷信效度均达到了较高水平，同时问卷的题项也具有较高的区分度。该问卷为今后初中生英语学习动机减退情况的测量提供了有效的工具，针对其他研究对象的相关研究可以参考本问卷进行相应的改编。

4.2.5 修正后的理论模型

根据第二次预研究结果，对第3章3.1小节提出的理论模型进行了修订。主要变化有：①学习者因素中删除了学习者焦虑因子，只包括语言态度和自信心两个因子。②教师因素中不包括教师教学内容因子，只包括教师责任心和教师基本功因子。③学习环境因素中只包括学习内容1个维度，因此将其称为学习内容因素。④社会环境因素中没有了理论模型中的他人影响因素，只包括父母辅导和经济支持两个因子（见图4-25）。

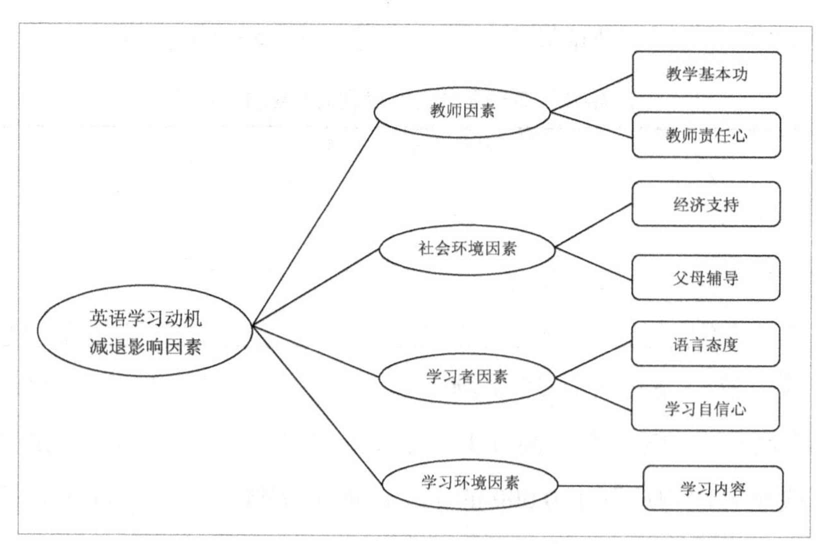

图4-25　初中生英语学习动机减退影响因素修正后的理论模型

第 5 章　正式研究

本章汇报了正式研究的研究问题、抽样原则和具体抽样学校、问卷设计、研究过程，并根据验证性因子分析结果对影响农村初中生英语学习动机减退的相关因素进行了深入分析。

5.1 研究设计

5.1.1 研究问题

（1）农村初中生英语动机减退的影响因素由哪些部分组成？

（2）农村初中生英语学习动机减退的影响因素有何特点？

（3）这些动机减退因素在城乡之间是否存在显著的差异？

5.1.2 抽　　样 [1]

根据分层抽样的原则，我们分别从陕西省、河南省、安徽省、广西壮族自治区、内蒙古自治区、重庆市这 6 个地区中的城市、县城、乡镇重点和一般中学抽取了 17 所学校，其中农村中学 13 所。另外，我们还选取了城市重点、一般中学各两所作为对照（详见表 5-1）。参加第二次预研究的学生不参与正式研究。

[1]　本小节汇报的抽样人数是数据筛选后的有效计算人数（详见本章 5.2.1 小节）。

表 5–1　抽样学校分布

动机减退	镇重点	镇一般	县城重点	县城一般	城市重点中学	城市一般中学
中部地区	安徽省亳州市谯城区德忠中学	安徽省亳州市谯城区沙土中学	河南省安阳市内黄县实验中学 河南省洛阳市栾川县外国语中学	河南省周口市淮阳县明德实验学校	安徽省亳州市谯城区风华中学	安徽省亳州市谯城区建安中学
西部地区	广西贺州富川县麦岭中学 陕西省榆林市靖边县东坑中学	广西贺州富川县葛坡中学 陕西省榆林市靖边县小河中学	广西贺州富川县一中 内蒙赤峰市元宝山区实验中学	广西贺州富川县二中 内蒙赤峰市平庄矿区中学	重庆市西南大学附属中学	重庆市北碚区柳荫中学

总体有效抽样人数为 1 946 人。表 5-2 显示，中部地区 784 人（占总人数的 40.29%），西部地区 1 162 人（占总人数的 59.71%）；一年级学生 689 人（占总人数的 35.41%），二年级学生 654 人（占总人数的 33.61%），三年级学生 603 人（占总人数的 30.98%）。镇中学学生总数为 719 人（占总人数的 36.9%），县中学学生总数为 665 人（占总人数的 34.2%），城市学生总数为 562 人（占总人数的 28.9%）。男生人数为 976 人（占总人数的 50.15%），女生人数为 970 人（占总人数的 49.85%）。（详见附录 4）

表 5–2　样本的年级分布情况

	镇初中						县初中						城市初中					
	一年级		二年级		三年级		一年级		二年级		三年级		一年级		二年级		三年级	
	n	%	*n*	%	*n*	%	*n*	%	*n*	%	*n*	%	*n*	%	*n*	%	*n*	%
中部地区	79	16.12	76	17.31	72	15.32	135	31.62	105	23.76	72	19	79	18.81	88	18.33	78	18.71
西部地区	174	35.51	158	35.99	160	34.04	96	22.48	127	28.73	130	34.3	126	30	100	20.83	91	21.82
总数	253	—	234	—	232	—	231	—	232	—	202	—	205	—	188	—	169	—

5.1.3 研究问卷设计

正式研究的问卷与第二次预研究的问卷内容相同，包含以下 7 个维度（详见表 5-3）。

表 5–3　问卷维度、题项分布及举例

维度	题项数	题项分布	题项举例
学习者语言态度	8	7；11；17；29；31；36；37；39	7 我觉得学好汉语就够了，没有必要学英语。
学习者自信心	5	4；10；15；18；35	10 我英语成绩是所有科目中最差的，所以我很灰心。
教师责任心	5	6；12；24；25；30	12 教我的英语老师在英语学习方面给了我很多鼓励。
教师教学基本功	4	2；16；21；22	2 教我的英语老师英文板书写得不好。
学习内容	2	32；33	32 英语小测验太多。
父母辅导	2	3；28	28 父母无法辅导我的英语学习。
经济支持	3	5；8；27	9 家里条件有限，父母没给我报英语辅导班。

注：反向题项为 6；12；18；24；25；30；44；45；46；51。

5.1.4 研究过程

2013 年 6 月—2013 年 12 月，课题组完成了 17 所学校的问卷调查，共发放问卷 2 400 份，回收问卷 2 235 份，经过缺失值和奇异值处理后，有效问卷为 2 047 份，有效率为 91.59%，其中进入最后分析的数据为 1 946（详见本章 5.2.1 小节）。访谈完成于 2012 年 10 月。广西师范大学外国语学院的朱神海老师和安徽省亳州市第一中学南校的高理想老师协助完成了访谈。访谈个案的自然情况如表 5-4 所示。

表 5–4　访谈个案的个人信息一览表

姓名	性别	年龄	职业	工作 / 学习地点	访谈时间	访谈长度（分钟）
A 老师	男	45	中学一级英语教师	A 校（广西）	2013/10/13	20
B 老师	女	38	中学一级英语教师	B 校（安徽）	2013/10/16	15
A 同学	男	14	初二学生	B 校（安徽）	2013/10/13	15
A 同学家长	女	40	农民	安徽某地	2013/10/12	20
B 同学	女	16	初三学生	B 校（安徽）	2013/10/14	10
C 同学	男	15	初二学生	C 校（广西）	2013/10/13	10
D 同学	男	13	初一学生	B 校（安徽）	2013/10/15	15

5.2 研究结果与分析

5.2.1 有效数据筛选

根据第二次预研究结果，分别建立了课堂和课后动机行为测量模型。课堂动机行为原始模型（见图 5-1）显示，χ^2/df 过大，根据系统提供的模型修正指数，第 49 题和第 50 题存在共变关系。经过分析，我们认为学生上课开小差，不听课（第 49 题）的一个表现可能就是上课看别的资料（第 50 题），二者可以建立共变关系，于是得到课堂动机减退行为（最终模型）。比较图 5-1 和图 5-2 两个模型，可以看出，图 5-2 所显示模型的各项拟合指数要好于图 5-1 的原始模型，同时第 49 题第 50 题之间建立的共变关系符合逻辑推导，因此确定图 5-2 模型即为最终模型。

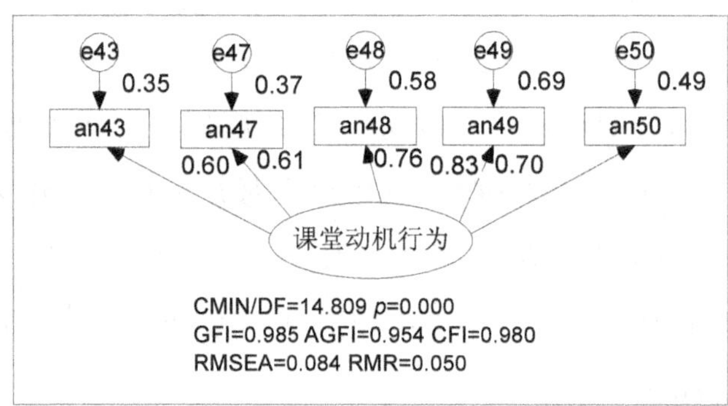

图 5–1　课堂动机行为原始模型

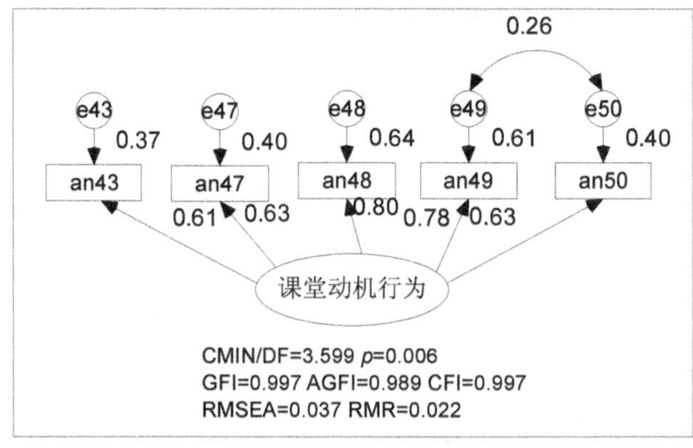

图 5–2　课堂动机行为最终测量模型

根据第二次预研究的结果，建立课后动机行为测量模型（见图 5-3），χ^2/df 稍大，p 值也没有达到理论要求，但两个数据都接近理论要求值，其他指数都达到了理论要求，因此接受该模型。

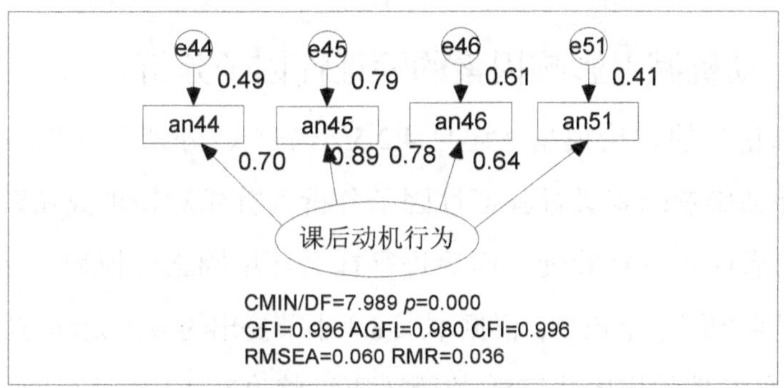

图 5-3　课后动机行为测量模型

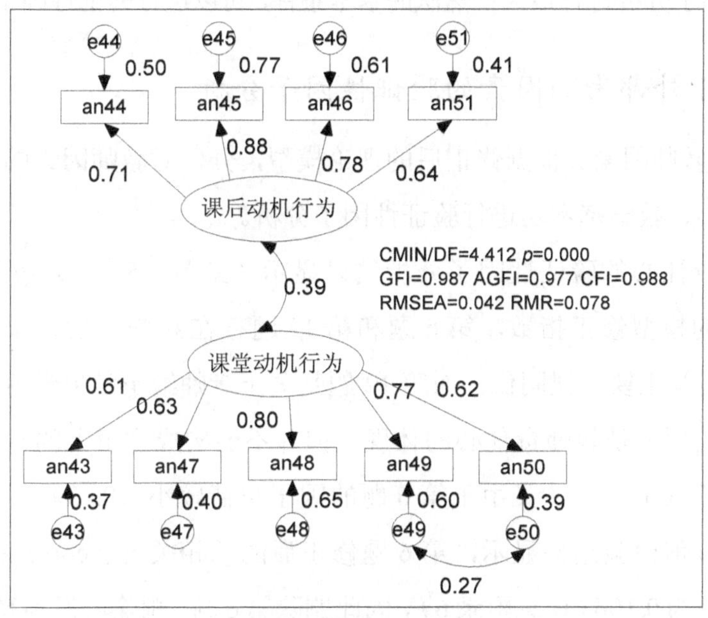

图 5-4　动机行为全模型

在确定了课堂和课后动机行为结构后，建立了动机行为的总体测量模型（如图 5-4）。总体测量模型结果显示，课堂动机行为和课后动机行为两个因子的相关系数为 r=0.39*，说明两个因子相互独立，但其又从两个不同的角度测量了学生的动机行为。从拟合指数上看，除了 χ^2/df 稍大，p 值小于 0.05

以外，其他均达到了理论要求值。

根据3.4小节关于有效数据的筛选方法，结合本节的研究结果，通过计算，删除101个数据，最后留有1 946个数据进行下面的分析。

5.2.2 动机减退影响因素的验证性因子分析

根据修正后的理论模型（详见4.2.5小节），分别对动机减退的内部影响因素、外部影响因素进行验证性因子分析。首先对题项数超过3个的教师因素和学习者因素进行验证；而后进行社会环境因素全模型验证[1]，最后建立动机减退影响因素全模型。根据本书3.4小节提出的数据处理方案，首先检验了中西部总体数据的描述性信息，发现偏度、峰度在±2之间（详见附录5），满足验证性因子分析进行最大似然法的基本条件，可以进行验证性因子分析验证。

5.2.2.1 外部影响因素的验证性因子分析

（1）教师因素。根据修正后的理论模型，分别对教师因素的两个因子：教师责任心、教学基本功进行验证性因子分析。

教师责任心的验证性因子分析结果显示（见图5-5），χ^2/df过大，根据系统提供的模型修正指数，第6题和第12题存在共变关系。但第6题强调的是老师对学生要一视同仁；而第12题是关于老师给予学生学习上的鼓励。虽然两个题项都是教师责任心的体现，但并不能构成逻辑上的共变关系，因此考虑删除其中一个。又由于第6题的因子负荷较小（0.43），同时该维度的内在信度值检验结果显示，第6题修正后的总相关度（corrected item-total correlation）为0.106（详见附录6），因此删除第6题。删除后得到修正模型（见图5-6）。但χ^2/df依然较高，参考系统的协方差矩阵提示的数据，第12题和第30题存在共变关系，即教师在给学生解答问题的同时（第30题）也可能

---

[1] 社会环境因素下面包含的父母辅导和经济支持两个因子以及学习内容因素中的题项数目没有超过3个，无法对它们进行单独验证，因此采用全模型验证方法进行验证性因子分析。

给予学生学习上的鼓励（第 12 题），因此建立二者之间的共变关系，得到最终模型（见图 5-7）。最终模型各项拟合指数都达到了要求。

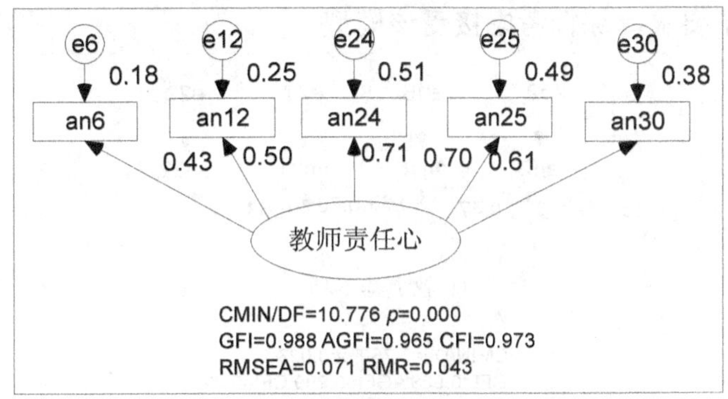

图 5–5　教师责任心原始模型

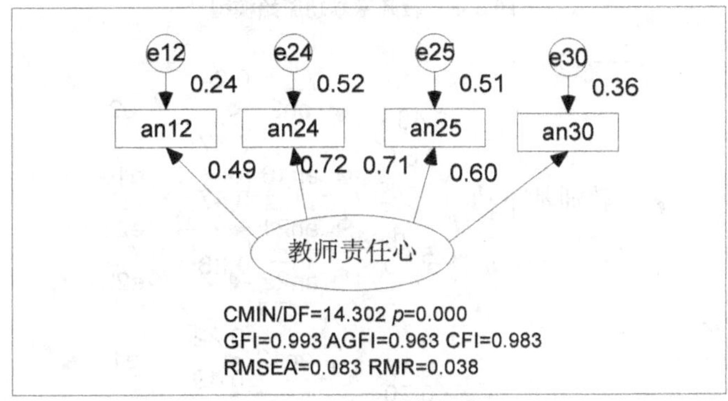

图 5–6　教师责任心修正模型

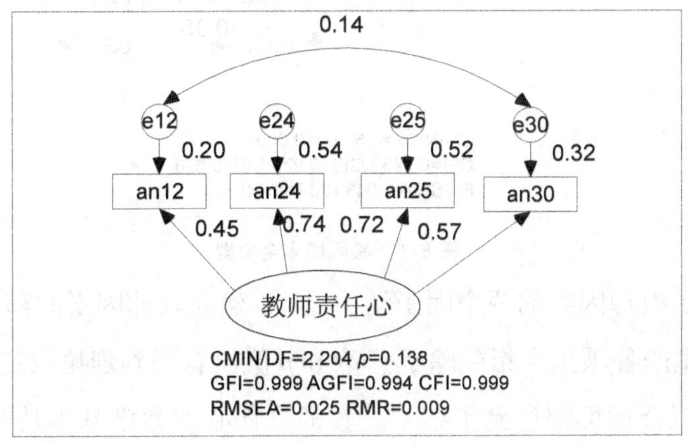

图 5–7　教师责任心最终模型

教学基本功因子的验证性因子分析结果显示（见图 5-8），该因子的各项拟合指数除了 χ^2/df 和 p 值没有得到理论设定值的要求外，其他的重要拟合指标均达到了要求，综合考虑接受该模型。

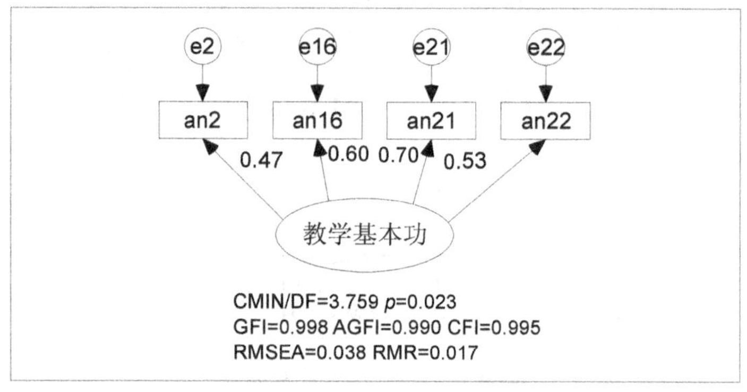

图 5-8　教师基本功原始模型

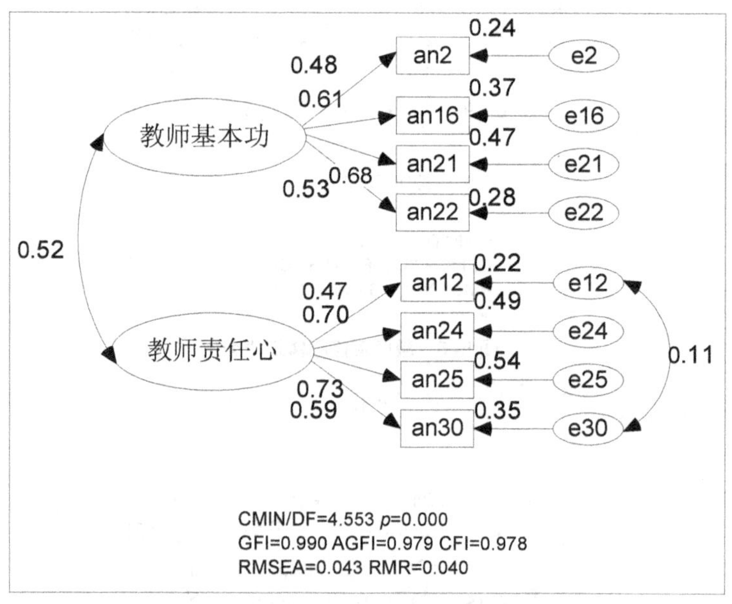

图 5-9　教师因素全模型

在确定了教师因素的两个因子结构以后，建立教师因素的测量全模型（见图 5-9）。模型的各项拟合指数除了 χ^2/df 和 p 值没有得到理论设定值的要求外，其他的重要拟合指标都达到了要求。教师责任心和教学基本功两个因子的相关系数小于 0.80（$r = 0.52^*$），这说明教师责任心和基本功两个因子相互联系同时彼此独立，能分别从两个不同角度测量导致学生英语学习动机减退的教师因素。综上所述，教师基本功和责任心的最终测量模型得到验证，两个因子各包含 4 个题项。

（2）社会环境因素。根据修正后的理论模型，建立社会环境因素全模型，结果显示，虽然 χ^2/df 值偏高，p 值没有得到理论设定值，但其他拟合指数较佳，因此接受该模型（见图 5-10）。模型中，两个因子的相关系数为 r=0.20*，说明两个因子彼此独立但又相互联系，能分别从两个方面测量社会环境因素对学生动机减退的影响。

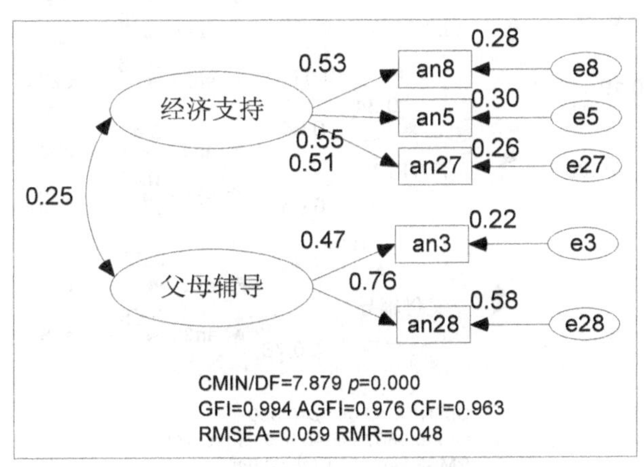

图 5–10　社会环境因素全模型

（3）外部因素全模型。在确定了外部因素所包含的 5 个因子的结构以后，建立外部因素的整体测量模型（见图 5-11），结果发现，模型的各项拟合指数符合理论要求，同时各因子之间的相关系数在 0.16—0.36，都小于 0.80，说明各因子之间彼此独立，没有高度共线，因此可以从外部来测量导致学生学习动机减退的因素。

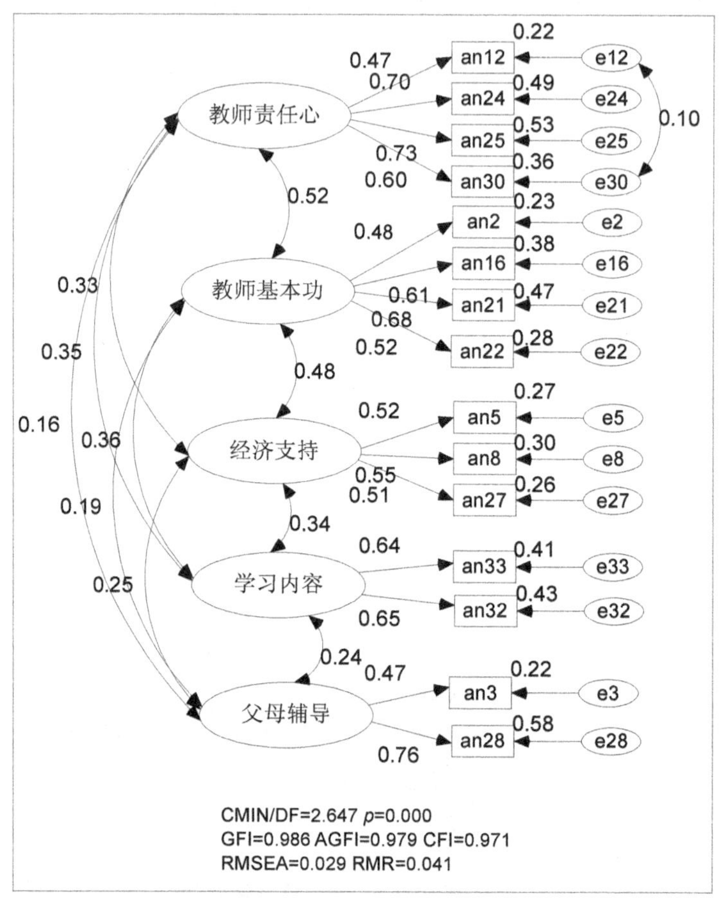

图 5–11　外部因素全模型

5.2.2.2 内部影响因素——学习者因素验证性因子分析

（1）英语学习者自信心。根据修正后的理论模型，建立学习者英语学习自信心的测量模型（见图 5-12）。结果显示，虽然 χ^2/df 值稍高，同时 p 值没有达到理论要求，其他指标的拟合度也未达到理论要求，但参考系统的协方差矩阵提供的参考数据，第 15 题和第 35 题存在共变关系，两个题项描述了学生因为没学好英语，辜负了老师和父母的期望而导致英语学习自信心上的受挫，反映了学生在初中阶段，英语学习自主意识不够，英语学习好坏与是否达到父母和老师要求相联系的现实，因此可以建立共变关系，得到最终模型（见图 5-13）。比较图 5-12 和图 5-13 两个模型，我们认为建立共变关系后的模型无论从拟合指数还是因子负荷方面看都要优于原始模型，因此接受图 5-13 的最终模型。

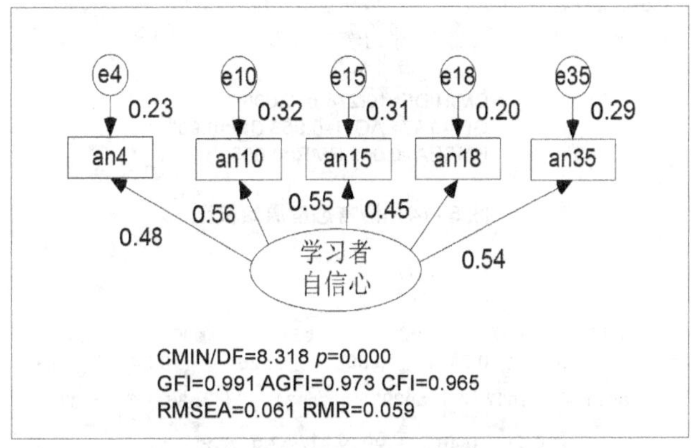

图 5–12　学习者自信心原始模型

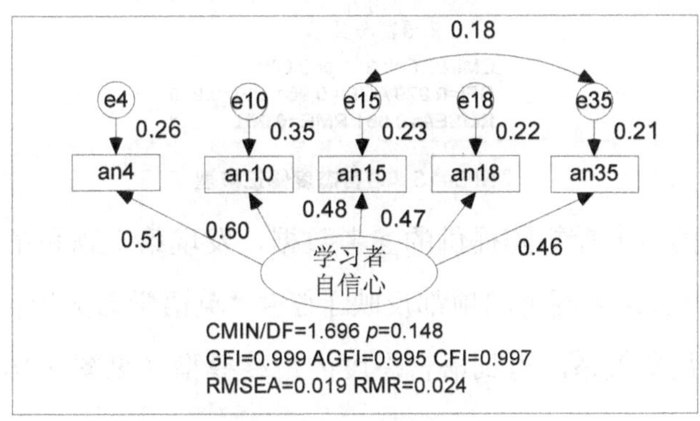

图 5–13　学习者自信心最终模型

（2）英语学习者语言态度。根据理论设计，建立语言学习态度测量模型（见图 5-14），结果显示，χ^2/df 值稍高，p 值也没有达到理论要求。参考系统的协方差矩阵提供的参考数据，第 17 题和第 31 题存在共变关系。父母在孩子英语学习中可能存在不鼓励他们学习英语的现象（第 17 题），其中一个表现就是父母将自己对于英语学习的看法外化，在言语上影响孩子。例如对孩子说“学好汉语就行了，英语学不学无所谓”（第 31 题），因此可以建立两个题项的共变关系，得到修正模型（见图 5-15）。

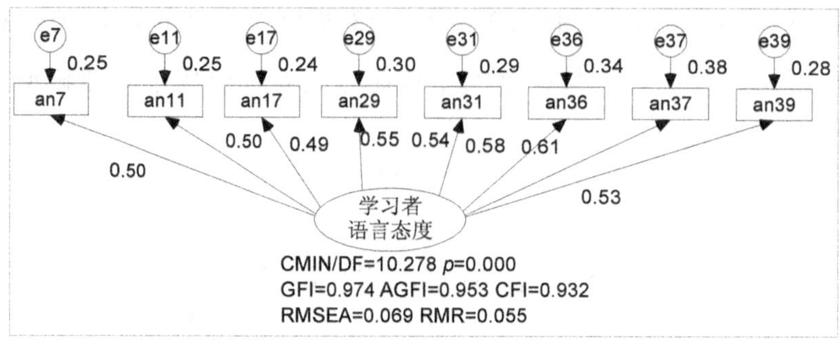

图 5-14　语言态度原始模型

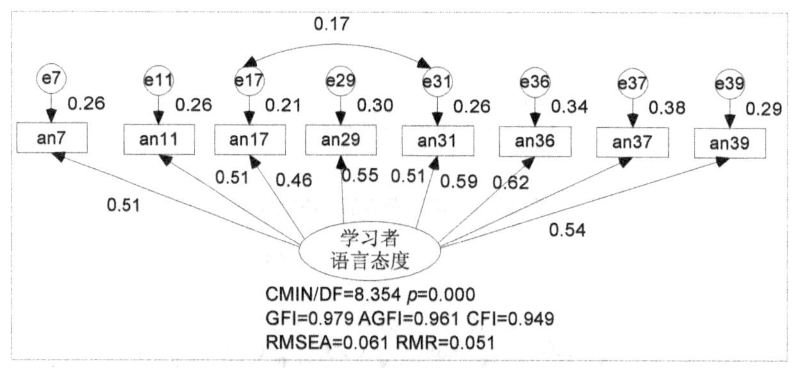

图 5-15　语言态度修正模型

参考系统的协方差矩阵提供的参考数据，发现第 7 题和第 11 题可能存在共变关系，分析后认为两个题项都反映了学生“英语学习无用论”的学习观念，因此可以建立共变关系，得到语言态度的最终模型（见图 5-16）。

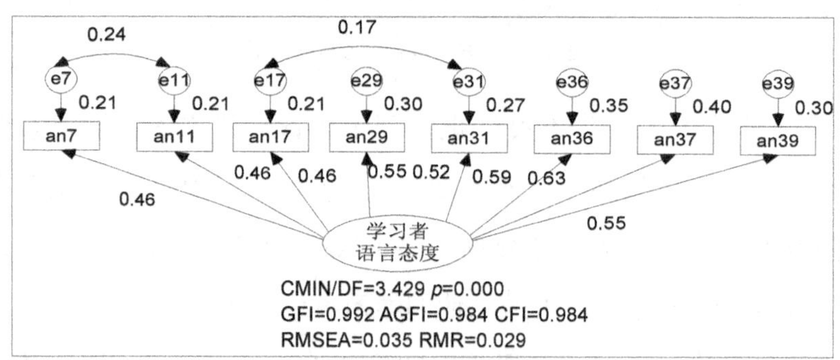

图 5-16　语言态度最终模型

（3）内部因素全模型。在确定了内在因素的各因子结构后，建立学习者内在因素整体测量模型（见图 5-17），结果发现，学习者语言态度与学习者自信心之间相关系数为 0.52，小于 0.80，说明二者不存在高度共线的问题，因此可以确定两个因子是从不同角度测量学生英语学习减退的内部因素。

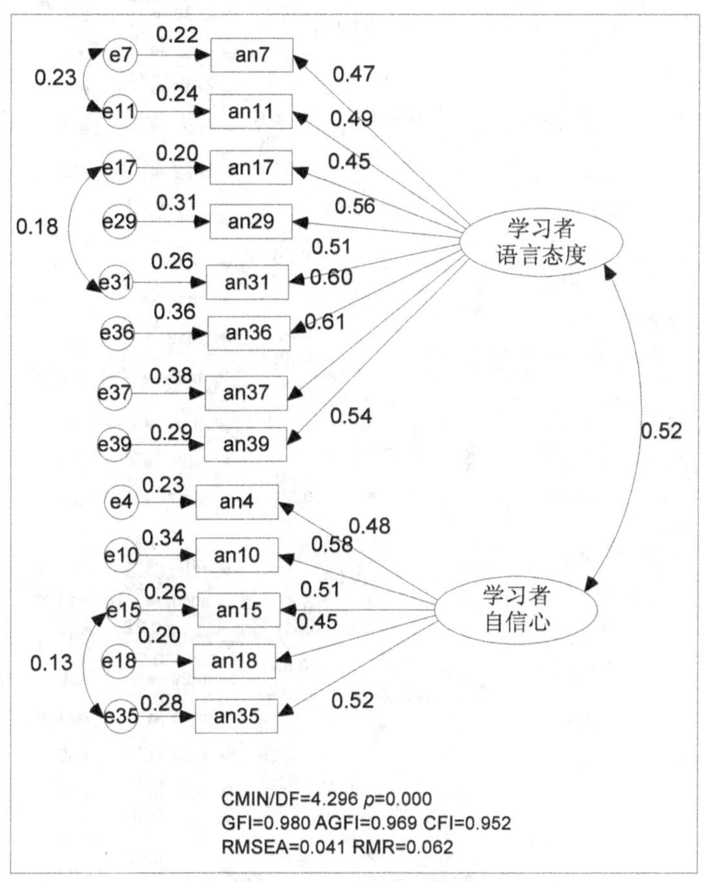

图 5–17　内部因素全模型

5.2.2.3 动机减退影响因素全模型

在确定内部因素、外部因素各自所包含的因子后，建立学习动机减退的整体测量模型（见图 5-18），模型的各项拟合指数符合理论要求，同时各因子之间的相关系数在 0.16—0.66，都小于 0.80，说明各因子之间彼此独立，没有高度共线，可以从内、外部来测量导致学生学习动机减退的因素。

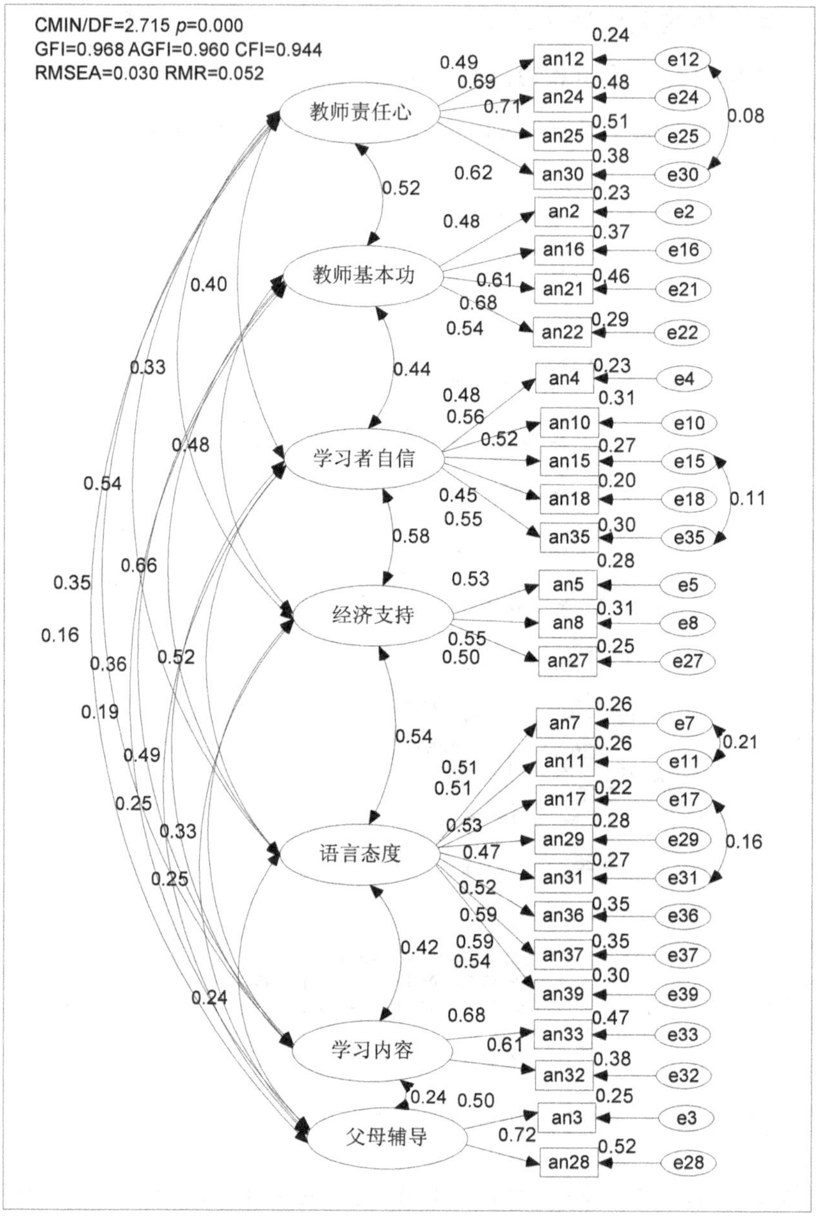

CMIN/DF=2.715 p=0.000
GFI=0.968 AGFI=0.960 CFI=0.944
RMSEA=0.030 RMR=0.052

图 5–18　内外部因素的整体测量模型

综上所述，造成中西部地区学生动机减退的影响因素可分为内部和外部两大因素。内部因素包括学习者的自信心和语言学习态度两个因子；外部因素包括教师责任心、教学基本功、学习内容、父母辅导和经济支持 5 个因子。

因子分布上与第二次预研究相同，不同的是在教师责任心因子中没有包含第6题（题项具体分布、内在信度值等详见表5-5）。

表5–5　正式研究各因素的题项数量、内在信度值和题项分布

维度	题项数	内在信度	题项分布
内在因素	13	0.776	
学习者语言态度	8	0.775	7；11；17；29；31；36；37；39
学习者自信心	5	0.642	4；10；15；18；35
外在因素	15	0.742	
教师因素	9	0.745	
教师责任心	5	0.719	12；24；25；30
教师教学基本功	4	0.659	2；16；21；22
学习内容	2	—	32；33
社会因素	5	0.500	
父母辅导	2	—	3；28
经济支持	3	0.534	5；8；27

注：反向题项为6；12；18；24；25；30；44；45；46；51

5.2.3 动机减退影响因素的描述性统计分析

为了回答本章5.1.1小节提出的研究问题（2），根据表5-5的题项归类，求出每个因子的均值等描述性数据，得分越高，说明学生在该因子上的认可度越高。由于本研究采用的是李克特6点计分，因此理论中值定在4.0。在计算之前，我们对教师责任心题项进行了反向处理，例如第24题原题为“教我的英语老师和蔼可亲、容易接近”，反转后的含义转换为“教我的老师不太和蔼、不容易接近”，这样所有动机减退题项均为负向叙述。

表5-6的描述性统计结果显示：①对县、镇初中的学生来说，最能影响他们英语学习动机减退的因素是内部因素；具体到每一个影响因子上，作用最大的3个因子分别为教师的教学基本功薄弱、学习者对于英语学习的负面态度和父母经济支持的欠缺。这个排序与影响城市学生的英语学习动机减退

因素有所不同，城市学生中父母的经济支持均值得分较低，没有进入排序的前三位；排在后四位的因素依次为父母辅导不够、学生自信心不足、学习内容过量和教师责任心稍弱。②县、镇中学的学生相比，镇初中学生的各项得分均高于县中学生得分。

表 5-6　动机减退影响因素的描述性统计表

	县城 ($n=665$)				镇 ($n=719$)				城市 ($n=562$)			
	最大值	最小值	均值	标准差	最大值	最小值	均值	标准差	最大值	最小值	均值	标准差
内部因素	2.31	6.00	4.91	0.65	2.85	6.00	5.20	0.63	3.08	6.00	4.95	0.67
外部因素	2.75	5.63	4.65	0.54	2.69	5.63	4.89	0.49	2.81	5.63	4.76	0.56
学习者语言态度	2.13	6.00	5.23	0.72	2.75	6.00	5.47	0.65	2.88	6.00	5.22	0.75
学习自信心	2.20	6.00	4.39	0.94	2.20	6.00	4.77	0.90	2.40	6.00	4.52	0.91
教师责任心	1.60	4.80	3.89	0.75	1.60	4.80	4.12	0.69	1.80	4.80	4.07	0.71
父母辅导	2.00	6.00	4.99	1.24	2.00	6.00	5.00	1.18	2.00	6.00	5.01	1.16
学习内容	2.00	6.00	4.36	1.14	2.00	6.00	4.62	1.18	2.00	6.00	4.53	1.14
教学基本功	2.38	6.00	5.27	0.78	2.00	6.00	5.57	0.64	2.00	6.00	5.33	0.82
经济支持	2.00	6.00	5.03	0.97	2.00	6.00	5.39	0.82	2.00	6.00	4.13	0.90

5.2.3.1 教师基本功

教师因素历来是动机减退研究中的重要关注点，也是造成动机减退的普遍公认的主要因素。研究者们普遍提到教师基本功不过硬，如教师的教学能力和教学方法不足会导致学生动机减退（如 Rudnai 1996; Dörnyei 2001; Falout & Maruyama 2004; Hasegawa 2004; Warrington & Jeffrey 2005; Tsuchiya 2006a,2006b; Trang & Jr. Baldauf 2007; Falout, et al 2009; Kikuchi 2009; Kikuchi & Sakai 2009; 周慈波 2012; 周慈波、王文斌 2012），如 Oxford（1998）发现教师在课堂上的超量（overload）活动和过于重复（repetitiveness）相同活动都会削弱学生的学习动机。Kikuchi（2009）、Kikuchi & Sakai（2009）发现教师课堂上若使用语法翻译法，让学生死记硬背单词则会让学生的英语学习动机大打折扣。周慈波、王文斌（2012）发现，教师发音不标准、口语表达能力差以及缺少和学生的互动、语言点解释不清楚[1]等是学生动机减退的教师因素。此外，有研究还发现，教师的课堂行为对学生的学习动机也会产生不同程度的削弱作用（Chambers 1993; Dörnyei 2001; Falout, et al 2009; Kikuchi 2009; Kikuchi & Sakai 2009; 周慈波 2012；周慈波、王文斌 2012）。例如，Chambers（1993）发现教师不注意学生是否理解自己所讲内容、挖苦学生、对学生没有耐心都会导致学生的动机减退。以上研究为本研究提供了佐证：教师教学基本功是最主要的学生动机影响因素。我们认为这可能是以下原因所致：目前，农村的师资状况不容乐观，有研究表明农村英语教师专业素养偏低，教育理念缺乏，教学方法和手段滞后。相当数量的农村英语教师是"非科班"出身，多为"半路出家"，其听说技能较差，语音语调不标准，缺乏系统的英语语言知识和将英语知识转化为英语技能的能力，因此无法为学生树立良好的学习榜样。大部分农村英语教师缺乏语言教学理念和与英语教育教学相关的基本理论知识，对课程标准的理解不透彻，对于英语学习的目标认识不够，依然采取陈旧的教学方法去处理新教材（田成泉 2013）。这些都对学生的英语学习动机有一定的影响。学生 A 在访谈中指出"我不愿意学英语是因为老师不好好上课，也可能是老师水平不高，反正上课讲的东西我听不懂。我觉得老师的发音和听的录音差距比较大，我也不知道该以谁的为准。另外，老师上课提笔忘字的情况也时常发生……"（学生 A 访谈，2013/10/13）。从学生 A 的访谈中，我们就可以看到教师基本功薄弱对学生动机减退的影响。

5.2.3.2 学习者对于英语学习的态度

Dörnyei（2001）归纳出的 9 种动机减退的因素中，将学习者对于目的

[1]　Chambers（1993）的研究也发现教师课讲不清楚、对问题解释不够充分会导致学生动机减退，但是这些因素被归为"教师课堂行为"一项。笔者认为，这和教师的教学能力有着直接的关系，因此将其归属教师能力范畴更为合适。

语国家的负评价、对目的语的负面态度作为了一个动机减退因子，此后研究者们发现，学习者没有意识到英语学习的重要性会导致他们动机减退（如 Falout & Maruyama 2004; Hasegawa 2004; Tsuchiya 2006a, 2006b）。有些研究发现，学习者如果认为没有必要将英语作为一门必修课来学习，那么他们的动机会减退（Falout & Maruyama 2004; Tsuchiya 2006a, 2006b）。Warrington & Jeffrey（2005）发现学生对英语学习存在畏难情绪，对英语国家文化不感兴趣会削弱他们的学习动机。周慈波（2012）发现，在语言文化因子（即学习者对目的语和目的语文化的态度）方面，中国学习者较日本学习者更难教授或者更难认可目标语言所承载的西方文化。中国的大陆农耕文明和辉煌历史造就了中华民族崇内攘外的性格特征与优越的文化心态。本研究发现，学生对于英语学习的负面态度，如"爱国就不要学英语"等对学生的英语学习动机有一定的影响。本研究与周慈波和 Dörnyei 的研究虽有不同，但都说明了学习者对英语学习的态度、对英语国家文化的态度和英语本身带给汉语学习的负面影响都可能导致学生不愿意学习英语。

这部分的题项中得分较高的两个题项分别是："爱国就不要学英语"（$M = 5.50$，$SD = 1.05$）和"学好汉语就够了，不用学英语"（$M = 5.28$，$SD = 1.20$）。学生的访谈中提到了他们对英语学习的负面态度，部分地解释了量化研究的结果。

> 我觉得吧，我们是中国人，为什么要学习英语呢？历史书上说了，从鸦片战争开始英国人就侵略我们，美国人也没做啥好事，我们学他们的英语干什么呢？人家都侵略你了，你还学！？日语也是，我觉得也不应该学。所以我现在一看英语就烦，我就不明白，我们大中国的人为啥学英语？
>
> （学生 B 访谈，2013/10/14）

学生 B 通过历史课程的学习，了解到英国侵略中国的历史，产生了对英语学习的抵触情绪，影响了她的英语学习。我们通过对 B 同学英语老师的了解得知，B同学上英语课基本上都在干别的，几乎不怎么学习，平时考试大部分也都是交白卷，因为她觉得学英语没用。虽然B同学的做法有些极端，但也反映了一个现实问题，即如何引导学生正确对待英美文化中的负面因素是英语教师未来要面对的重要问题。D同学也有类似的看法“我周围的，反正和我好的，他们都不愿意学英语。我和他们有一点是一样的，我是中国人，何必学洋文？我汉语都学不好还学英语啊，特别是那个古文”（学生D访谈，2013/10/15）。从这两个学生的访谈中我们不难发现，在学习英语的过程中，民族情绪被激发，语言与文化、政治、历史相联系，这对于正处于青春成长期的初中生来说势必会产生一定的影响。这种爱国情绪的过度放大，将很可能导致学生对英语学习产生“敌对”情绪，导致他们不愿意学英语。

为此，我们在对教师B的访谈中对上述现象进行了深入了解，她提到：

> 现在的学生，其实他们也分不清楚到底真的是因为爱国才拒绝学英语，还是因为盲从，看别人这么说。或许他们自己也觉得这样挺有英雄气概，是想充当一回爱国主义战士才这么说的。据我的观察和了解，现在的学生思想不成熟，很容易受其他人的影响，所以在英语学习上有这种想法也不奇怪。我教的学生中，也有平时饱含着爱国热情而拒绝学英语的学生，但是有的学生虽然嘴上说不学，可实际上还是学的，而且学得也不差。我觉得这里就有个老师导向的问题，教师要及时发现问题、及时引导，有时候学生也需要被“洗脑”。
>
> （教师B访谈，2013/10/16）

教师B的谈话从一个角度解释了学生为什么会“爱国”而“不学英语”——学生也许因为一时之勇，“思想不成熟”，容易受别人影响，可能不愿意学习英语。这与本研究的量化研究有相似之处。但不同的是，教师B指出，学生的想法和实际做法可能是不一致的，有学生虽然嘴上声称不愿意学习英语，但是实际上却“学”而且“并不比其他人差”。这说明学生这种“敌对”情绪也许只是暂时的，教师有必要对学生出现的这种情绪进行“洗脑”，通过有效疏导让学生意识到英语学习的重要性，正确对待“爱国”与“英语学习”之间的关系。

量化研究的结果表明，县、镇学生在父母对待英语态度因素上的均值得分（第 31 题，父母认为汉语学习比英语学习重要，$M = 5.50$，$SD = 1.07$；第 17 题，父母不鼓励我学英语，$M = 5.68$，$SD = 0.866$）都较高，这说明家长在日常参与学生学习的过程中对其英语学习的负面情绪较高。我们认为，这可能与家长的学历层次、目前的就业环境等有一定的关系。在本次调查中，通过学生和教师的访谈，我们了解到，农村中学的学生家长外出打工的较多，文化程度基本上以停留在初中和小学的居多，加之家长上学期间农村的英语师资较为匮乏，因此家长对于英语学习的体验不足，对英语学习重要性的认识不足。再者，由于目前就业形势较为严峻，家长们对于孩子的学习虽然支持，但不希望孩子读完大学连工作也找不到。因此，家长可能普遍认为孩子把书读完就可以了，至于英语学的好坏也无大碍，因为孩子初中毕业外出打工的话，也可能很少接触到与英语相关的工作，对他们来说英语的用处可能不大，这从对 A 同学母亲的访谈中可略见一斑。

> 我家是种地的，让孩子上初中也是觉得现在这社会，发展这么快，小学毕业肯定不行，但是像在我们家这样的穷沟沟里面，也出息不了，所以完成国家规定的那个啥九年义务教育就完了。算数和语文学好就够了，到时候毕业了外出打工会写字、别算错账就行了。至于你说的英语，我看学不学没啥用，你说咱们这社会上谁说这洋文，不都是汉语，家乡话和那个啥，普通话么，所以学不学英语没啥关系。孩子学个差不多就行，认识英语字母就行了。就算英语学好了，万一考不上大学，外出打工的话他也使不上，还不如把语文学好来得实际。
>
> （学生 A 母亲访谈，2013/10/12）

母亲的看法在学生 A 的访谈中也得到了一定的印证。

> 我的父母都是农民，我学习他们也支持，但他们对我说，语文、数

学一定得学好，其他的科目学个差不多就行。我英语不行，刚上初中的时候我还有点爱学，但现在是越来越不爱学，一个是课程难了，还有就是我父母也不会这玩意，他们说学好英语还不如学好汉语。

（学生 A 访谈，2013/10/13）

以上分析表明，学生对于英语和英语国家文化的负面态度会造成他们的动机减退。这些态度可能是在学习其他科目过程中产生的，也可能是受父母或者朋友等周围人的影响。其中，周围人对于英语学习的态度作为语言态度因素的一部分，这在以往的研究中未曾见到。这说明，影响初中生英语学习动机减退的语言态度因素可能较之大学生而言更为复杂，也体现了初中生在青春成长期容易受到外界影响而改变自己的学习态度的特点。

5.2.3.3 经济支持和父母辅导

经济支持和父母辅导排在了动机因素的第三、第四位，这说明社会因素对学生的重要影响。

在全球化的推动下，语言作为一种文化资本（Bourdieu 1986）可能会改变人们在社会中的地位，实现社会阶层上的向上移动（social upward mobility）（Blommaert 2010；扬·布鲁马特等 2011）。面对英语移动带来的社会阶层的提升以及重塑社会地位的潜势，学生家长随即创造各种条件，不惜一切代价在孩子的英语学习上进行投资（investment），他们渴望孩子能掌握英语这种资本，为改变其命运提供助力（刘宏刚 2012）。但这种投资存在一定的城乡差异，其中在对子女英语学习的辅导上，城市家长要强于农村家长，主要原因在于农村家长的英语水平不高，无法给孩子提供有效的英语辅导（刘宏刚 2014）。此外，家长对于英语学习的态度、家庭经济条件等因素也会影响他们在孩子英语学习上的投资。从参与问卷调查的县、镇初中老师提供的信息来看，家长的学历以初中毕业居多，英语水平普遍不高，因为其接受英语教育的时候，农村中学的师资状况较差，教学质量不高。此外，在我们所调查的地区中，留守学生比较多，家长大多外出打工。接受访谈的4名学生的家长均在外打工，每年只有过春节时才回家，他们无法给孩子提供更多的关怀和照顾，更谈不上进行面对面的学习辅导。

学生C在访谈中提到以下内容。

> C：我父母在新疆种棉花，所以每年只回来一次，我和大姑生活。大姑说我是个“大笨蛋”，因为我的英语考试成绩每次都不好（此时，C眼含热泪）。
>
> 研究者：那你和父母联系吗?
>
> C：嗯，我也打电话，但是不能告诉父母这些事情啊。我只能说“好的”。父母说“你好好学，缺啥东西我们把钱给大姑，让大姑给你买”。其实我最缺少的是他们对我的关心。不仅仅是英语学习！而且你看我们邻居家，小强的妈妈就能稍微给他辅导一下英语，至少可以对着字母检查一下单词吧。我大姑啥也不管。哎……我是没救了。
>
> （学生C访谈，2013/10/13）

从学生C的访谈中，我们看到，家长的关怀缺位，可能导致学生学习兴趣的减退，“我没救了”就充分地反映了这一点。而英语学习方面家长能辅导（小强）和不能辅导（C）之间形成了一个比较明显的反差，学生对家长的期待可能不仅仅是经济上的支持，他们也渴望家长能给自己进行一些英语上的辅导，哪怕是“对着字母检查单词”。

5.2.3.4 学生英语学习自信心

本研究发现，农村初中生由于英语学习成绩差或者没达到父母/老师的要求而缺乏自信心，从而导致学习动机的减退，这与以往研究中发现的由于外部因素导致学习自信心受损而进一步导致学生动机减退（Dörnyei 2001; Falout & Maruyama 2004; Tsuchiya 2006a, 2006b; Sakai & Kikuchi 2009; 李琳 2013）相一致，其原因可能是学生从小受儒家文化的影响，潜移默化、长幼有序、尊卑有别，习惯于服从父母长辈的权威观点，当自己的学习结果无法迎合长辈的期望时，便会进行自我检讨，贬低自己的努力，进而导致自信心下降，而进一步地减弱自己的英语学习动机（李琳 2013）。此外，家长对于学生的责罚等外部因素也是导致学生自信心减退，进而逐步丧失学习动机的一个原因，这从学生 C 的访谈中可略见一斑。

> 我小时候英语学得还不错，还当英语课代表呢！但是，到了初中，我和大姑生活在一起，她也没时间辅导我，我就一天天自己学，不会的只能上学问老师。但是，我初中第一次英语考试没考好，老师给大姑打电话了，大姑回去就骂了我一顿，差点打我，我当时也害怕，后来也很努力，但是发现每次努力的时候就想到大姑骂我时候的那个恐怖嘴脸……我害怕啊，于是学起来信心也就没那么足了。后来我也在努力，但成绩一次次都不理想，大姑就开始说我是“大笨蛋”了。我觉得对不起大姑，更对不起在外地打工的父母！哎，我这真是没信心，没救了！
>
> （学生 C 访谈，2013/10/13）

可见在学生 C 的学习过程中，英语考试没考好、大姑的责骂给学生 C 造成了巨大的心理负担，形成了一个“自信心减退——学不好英语——自信心更减退——动机减退”这样一个恶性循环，这可能因为留守学生的抗压能力较弱，他们在英语学习上遇到困难的时候，容易产生由于自信心的缺乏而导致的学习兴趣衰退（罗琼 2011）。此外，在学生 C 的这段访谈中，我们发现，他受到了家长的责罚，英语学习中的可能自我（ought-to-self）（Dörnyei 2005），即不想成为英语学习的“大笨蛋”和他想努力学好英语，成为一个“能学好英语的学生”的理想自我（ideal self）（Dörnyei 2005）以及自己曾经有过的英语成绩好的学习经历（learning experiences）之间发生了碰撞，可能自我让学生 C 越来越没有信心，进而导致了他的动机减退。

5.2.3.5 学习内容与教师责任心

学习环境因素是影响学生动机减退的重要因素（Chambers 1993; Rudnai 1996; Dörnyei 2001; Arai 2004; Hasegawa 2004; Kojima 2004; Tsuchiya 2006a, 2006b; Kikuchi 2009; 胡卫星、蔡金亭 2010；汤闻励 2012；周慈波 2012；周慈波、王文斌 2012）。学习环境因素包括教学设备（如听力设备）陈旧（Chambers 1993; 汤闻励 2012; 周慈波 2012; 周慈波、王文斌 2012）、学生所在的班级空间小人数多（Rudnai 1996）、课堂气氛沉闷给学生带来一定程度的焦虑感（Rudnai 1996; Hasegawa 2004）、大班课造成的学习效果不佳（Dörnyei 2001a）、学生所在班级不适合自己的学习水平（Rudnai 1996; Dörnyei 2001; Kikuchi & Sakai 2009）、教材内容不适合学生（Chambers 1993; 胡卫星、蔡金亭 2010; 周慈波、王文斌 2012）。胡卫星、蔡金亭（2010）发现学习环境是最能预测动机减退行为的外生变量。Tsuchiya（2006a, 2006b）、Sakai & Kikuchi（2009）发现学校缺少使用英语的环境也会导致学生动机的减退。以上研究都说明学习环境因素与学生动机减退有着直接的关系。

本研究原始理论模型（详见本书第 3 章 3.1 小节）中提出了学习环境因子，但在进行了两轮预测和正式研究后，我们发现该因子只涉及学生学习内容这一个方面，具体包括英语测验多和英语练习多两个题项，这与以往研究有相似点也有不同之处。相似点在于，以往研究也发现学生练习、作业和测验较多可能导致学生动机减退。不同之处在于，本研究并未发现缺少多媒体、教学设备不足等问题成为削弱学生动机的重要原因。参与本研究的所有农村学校都安装了多媒体教学设备，教师在教学中也在使用多媒体课件，配套的英语教学资料也较为充足，基本不存在教学设备不足的问题。

在以往的研究中，教师的人格因素也是导致学生动机减退的诱因。如 Oxford（1998）发现，教师缺少激情（lack of enthusiasm）和工作懈怠（sloppy management）会不同程度地影响学生的英语学习动机。有学者研究发现，如果教师缺乏敬业精神（commitment）（如严谨的治学态度），那么学生的学习动机也会减退（Dörnyei 2001; Hasegawa 2004; Tsuchiya 2006a,2006b; Falout, et al 2009）。而本研究发现，学生并未将教师的责任心作为主要的影响其动机减退的原因，这是不同于以往的研究之处。这可能与农村英语教师较为负责、教学责任心强有关，教师 B 的访谈证实了这一点。

B 老师在访谈中提到：

> 其实学生小学英语学的都是皮毛，或者说根本就不好。上来以后，我们还得从“A、B、C”开始教。我们这比不了大城市，学生大多数没钱出去补课，也没那么多补课班，所以就得靠我们老师呗。至少对于我和我的同事来说，我们都尽心尽力，除了上课以外，自习时间都被我们用上了，其他科老师都对我们“有意见了”，学生大多数也挺争气，考试成绩也不错，英语学习上也劲头挺足。我们要是不认真，那娃们就没希望了。我也有自己的孩子，在对待学生方面，我就把这些学生当成自己的孩子了。
>
> （教师 B 访谈，2013/10/16）

5.2.4 动机减退影响因素的城乡差异分析

我们采用独立样本 T 检验的方法来研究动机减退影响因素城乡差异。由于城乡抽样数据相差较为悬殊，我们采用 SPSS 17.0 的自动筛选程序，将城市和县镇的人数比调整到大致相同（$n_{城市}=562$ 人；$n_{农村}=591$ 人），而后进行独立样本 T 检验。研究结果显示（详见表 5-7），语言态度因子存在城乡之间的显著差异 [$t(1151)=-2.35$，$p<0.05$]，县、镇学生对于英语学习的负面态度（$M=5.33$，$SD=0.71$）要强于城市学生（$M=5.22$，$SD=0.75$）。

表 5–7 动机减退影响因素城乡差异独立样本 T 检验

动机减退影响因素	变量	*M*	*SD*	*t*	*df*	*p*
语言态度	城市（$n = 562$）	5.22	0.75	− 2.35	1151	0.019
	县镇（$n = 591$）	5.33	0.71			

如前所述，语言态度因子由两个平行层面组成：①学生对英语学习和英语国家文化的态度。②学生受到他人对于英语学习态度的影响而产生的英语学习态度(如第31题,"父母认为学好汉语就行了,英语学不学无所谓")。5.2.3.2 小节论述了农村学生对待英语学习的负面态度的成因，可能解释城乡间存在的这种语言态度上的差异：①农村学生家长的文化水平虽然近年来有所提升，但与城市学生家长相比还有一定的距离。他们在看待英语学习作用的时候也不及城市学生家长积极。例如,学生A的母亲在访谈中(详见5.2.3.2小节)提到的"英语学习无用，数学、语文有用"就是一个较好的例证。②农村学生对于英语学习的负面态度要强于城市学生（详见表5-6），这可能与农村学生缺乏较好的英语学习环境有关。英语在我国是作为外语来学习的，除了课堂以外很少有用英语交流的环境，在农村尤为如此。由于师资力量等方面的原因，农村学生，特别是在普通初中就读的学生，即便在英语课堂上也缺少使用英语的机会。学英语但是没有地方"用英语"，这可能让学生对英语学习有负面情绪，进而造成学习动机上的减退。教师 A 在访谈中提到：

> 现在学生在课堂上使用英语的机会不多。我们这边，一个县城中学，虽然比周围的几个镇初中好，但因为中考也不考口语和听力，加上写作文突击一下也能应付,所以说实话,我们这些英语老师上课也很少用英语,基本上就是那个汉语讲课。学生就是对着语法书练习语法，做点阅读题，比较枯燥。虽然多媒体有，但是我们基本上都用来讲语法了。据我所知，其他几个镇中学就更这样了。所以我想，你刚才问我的学生为什么不愿意学英语，我想，嗯……嗯，那个你说他们课外也用不上，课堂上也用不上，学了一大堆，用都没地方用，特别是对那些学习成绩不好的学生，他们以后就出去打工，他们的文化水平，我看也不一定能接触上什么外

国人，用英语的机会就更少了，你说学生能愿意学么？有的学生去放牛、做买卖，你让他对着牛说“go out”，那牛也听不懂啊。而城里的学生，他们上辅导班，重点中学还有外教，学生学习基础普遍比我们农村中学的学生好，老师上课用英语的时间也比我们多，人家城里孩子有用英语的地方啊。学生家长的英语水平也可能比我们农村家长高，我有个亲戚在城里，他不是英语专业毕业的，但英语不错，平时还能和孩子对对话。你看这样一比，你就知道为什么农村孩子在英语学习上有劣势，不愿意学了。

（教师 A 访谈，2013/10/13）

从教师 A 的访谈中，我们看到，农村学生缺少英语使用环境，这可能导致学生对英语学习产生消极的态度，进而逐步失去英语学习兴趣。A 老师还对比了城乡学生英语学习环境的差异，从对比中，我们可以看到城市学生有良好的英语使用氛围，他们对待英语学习的态度可能更为积极一些。

值得注意的是，从表 5-7 的研究结果看，城乡学生对于英语学习都有较强的负面态度，只是城市学生的态度稍弱而已。对于其中的复杂原因，我们还要通过更多渠道进行探究。

第 6 章　研究结论与启示

基于正式研究的结果及其分析，本章对中西部地区初中生英语学习动机减退影响因素进行了归纳和总结，并从理论和实践层面提出了研究启示。

6.1 研究结论

本研究从社会心理视角，在 Dörnyei（2001）的基础上，将动机减退定义为因为外部因素的负面影响而直接导致的动机下降或者是由外部因素引起内部因素的负面变化而导致的动机下降。本研究采用探索性因子分析和验证性因子分析相结合的方法，发现了 4 种农村初中生英语学习动机减退影响因素：教师因素、社会环境因素、学习环境（学习内容）因素和学习者因素。4 类因素包含 7 个影响因子，按照均值得分顺序依次排列为：教学基本功、学习者语言态度、经济支持、父母辅导、学生学习自信心、学习内容和教师责任心。

从总体上来看，对中西部地区的农村初中生来说：①最能影响他们动机减退的因素是内部因素；具体到每一个影响因子上，作用最大的 3 个因子分别为教师的教学基本功薄弱、学习者对于英语学习的负面态度和父母经济支持的匮乏；这个排序与影响城市学生的动机减退因素有所不同（城市学生中父母的经济支持均值得分较低，没有进入排序的前三位）；排在后四位的因素依次为父母辅导不够、学生自信心不足、学习内容过量和教师责任心稍弱。②镇初中学生的各项得分均高于县初中学生的各项得分。

从具体的影响因素内容看：①教师因素是主要的影响因素，其中教学基本功对学生影响最大，这与以往的相关研究结果相似（如 Rudnai 1996; Dörnyei 2001; Falout & Maruyama 2004; Hasegawa 2004; Warrington & Jeffrey 2005; Tsuchiya 2006a, 2006b; Trang & Jr. Baldauf 2007; Falout, et al 2009; Kikuchi 2009; Kikuchi & Sakai 2009; 周慈波 2012；周慈波、王文斌 2012）。但以往研究中发现教师责任心不足是主要影响因素，而本研究中该因素并未成为动机减退的主导因素。②学习者的自信心和对英语 / 英语学习的负面态度是重要的影响因素。其中语言态度排在第二位，学习者自信心排在第五位。与以往研究不同的是，语言态度因子由两个平行层面组成，一方面是学生对英语学习和英语国家文化的态度，这与 Dörnyei 等提出的学习者对于二语和二语共同体的态度相似；另一方面是学生家长、周围朋友对于英语和英语学习的态度（如第 31 题）。这一发现符合青少年心理发展规律，体现了家长在参与学生英语学习过程中的影响，同时从理论层面上丰富了动机减退的研究成果。③社会因素是仅次于教师基本功和英语学习态度的第三大影响因素，主要包括家长的经济支持和智力支持两个因子。有研究表明，学生的英语学习受到社会环境（包括城乡差别，家庭环境，周围同伴、朋友等）的制约。学生因为家庭经济条件所限无法获得更多的英语学习机会的例子屡见不鲜，社会阶层可能剥夺了某些学生英语学习的机会，从而削弱了他们的英语学习动机。而本研究在这方面则做出了探索性的尝试，拓展了动机减退的研究视角。④本研究发现，学习内容（即测验多、课文多等）对学生动机减退产生一定影响，但并不是主要影响因素。⑤从各因素的城乡差异看，只有语言态度因子存在城乡之间的显著差异，农村初中生对于英语学习的负面态度要强于城市初中生。

6.2 研究启示

理论方面，我们认为未来研究应该在以下方面做深入探索：①加强动机减退研究中某个 / 某些因素的深度研究。本研究没有深入探讨各因素之间的交互关系，未来的研究应该在这方面多做努力。②关注学生所处的社会阶层，加强家长因素研究。本研究发现学生家长对于英语学习的负面态度、对学生英语学习经济和智力投资的匮乏都是导致学生动机减退的主要原因。但这种原因的挖掘如果能与社会阶层相关联，将会有更深层次的发现。③加强历时研究。今后的动机减退研究可以考虑增加历时的量化和质的研究。例如，可以用个案研究的方法对某些曾经具有较强学习动机而后出现学习动机减退的学生进行跟踪研究，找到学习动机减退的原因。④加强如何提高学生克服动机减退的能力的研究也是今后一个值得探讨的重点研究问题。

从实践层面看，我们认为抑制学生动机减退，需要教师和学生的共同努力：①教师加强自身基本功的训练，提高业务水平。各中学应该创造机会，给教师提供外出进修的机会，促进教师的专业发展。②教师要在课堂教学中引导学生正确对待英语国家的文化，正确看待英美国家与中国历史上的各种亲疏关系，帮助他们树立正确的人生观，避免学生因为一时的“爱国情绪高涨”而产生对英语学习的抵触情绪。③教师应当根据学生的实际学习情况，增加英语的使用量，让英语“回归”英语课堂，营造愉快、轻松的学习氛围。例如，开设英语角、举办英语竞赛活动等（安雪萍 2012），通过各种途径给学生创造使用英语的机会。④农村地区学生家长的文化程度、经济能力等方面的不足，可能导致学生英语学习动机减退。因此，学校要更好地发挥“教育补偿”的功能，让更多的来自低阶层的学生能够在学校接受更好的（英语）教育。教师在课堂中要关注低阶层的学生，关注他们的每一点进步。

6.3 结　　语

本研究是国内第一个专门针对农村初中生英语动机减退影响因素的研究。研究提出了由教师因素、社会环境因素、学习环境因素和学习者因素 4 个因素构成的中国农村初中生动机减退影响因素模型，并着重关注社会环境因素，拓展了学习者语言态度的内涵，从内容上丰富了动机减退研究，为找出影响学生动机减退的深层原因提供了可能，为教师和教育政策执行者进一步改进工作，提高教学质量提供了有益的参考。本研究通过三角验证（triangulation）的方法，将问卷结果与访谈内容相结合，从内部（学习者）因素和外部（社会环境、教师、学习内容）因素综合考量学生动机减退的原因，弥补了以往国内同类研究过多依靠定量分析方法所带来的研究结果不够全面的缺憾。然而，本研究还存有一定的提升的空间。例如，增加访谈的范围，更多地听取家长、学生、班主任、英语老师多方面的声音，加强质的研究力度，更细腻地勾勒出学生动机减退影响因素互动的全貌。此外，问卷设计上虽然已经经过验证性因子分析，但学习环境因素只有两个题目，还有待继续探索。

参考文献

Arai, K. (2004). What 'demotivates' language learners?: Qualitative study on demotivational factors and learners' reactions. *Bulletin of Toyo Gakuen University,* 12, 39-47.

Bagozzi, R. P., Yi, Y., & Phillips, L. W. (1991). Assessing construct validity in organizational research. *Administrative Science Quarterly,* 36 (3), 421-458.

Blommaert, J. (2010). *The sociolinguistics of globalization*. Cambridge: Cambridge University Press.

Bourdieu, P. (1986). The forms of capital. In Richardson, J. (Ed.), *Handbook of theory and research for the sociology of education*. Westport, CT: Greenwood, 241-258.

Brown, T. A. (2006). *Confirmatory factor analysis for applied research.* New York: The Guilford Press.

Chambers, G. (1993). Taking the 'de' out of demotivation. *Language Learning Journal,* 7 (1), 13-16.

Christophel, D. M., & Gorham, J. (1995). A test-retest analysis of student motivation, teacher immediacy and perceived sources of motivation and demotivation in college classes. *Communication Education,* 4 (44), 292-306.

Deci, E. L., & Ryan, R. M. (1985). *Intrinsic motivation and self-determination in human behavior*. New York: Plenum Press.

Dörnyei, Z. (1994). Motivation and motivating in the foreign language classroom. *Modern Language Journal* (78), 273-284.

Dörnyei, Z. (1998a). *Demotivation in foreign language learning*, Paper presented at the TESOL 98 Congress.Seattle,WA.

Dörnyei, Z. (1998b). Motivation in second and foreign language learning. *Language Teaching,* 31, 117-135.

Dörnyei, Z. (2001). *Teaching and researching motivation* (1st ed.). Harlow: Longman.

Dörnyei, Z. (2007). *Research methods in applied linguistics: Quantitative, qualitative, and mixed methodologies*. Oxford: Oxford University Press.

Dörnyei, Z., & Chan, L. (2013). Motivation and vision: An analysis of future L2 self images, sensory styles, and imagery capacity across two target languages. *Language Learning,* 3 (63), 437-462.

Falout, J., Elwood, J., & Hood, M. (2009). Demotivation: Affective states and learning outcomes. *System,* 37 (3), 403-417.

Falout, J., & Maruyama, M. (2004). A comparative study of proficiency and learner demotivation. *The Language Teacher,* 28 (8), 3-9.

Field, A.(Ed.). (2009). *Discovering statistics using SPSS*. (3rd ed.). London: SAGE.

Gorham, J., & Christophel, D. M. (1992). Students' perception of teacher behaviors as motivating and demotivating factors in college classes. *Communication Quarterly,* 40 (3), 239-252.

Gorham, J., & Millette, D. M. (1997). A comparative analysis of teacher and student perceptions of sources of motivation and demotivation in college classes.

Communication Quarterly, 46 (4), 245-261.

Hair, J. F., Black, W. C., Babin, B. J., Anderson, R. E., & Tatham, R. L.(Eds.). (2010). *Multivariate data analysis*. (7th ed.). Upper Saddle River , NJ: Prentice Hall.

Hasegawa, A. (2004). Student demotivation in the foreign language classroom. *Takushoku Language Studies*, 107, 119-136.

Henson, R. K., & Roberts, J. K. (2006). Use of exploratory factor analysis in published research: Common errors and some comment on improved practice. *Educational and Psychological Measurement*, 66 (3), 393-416.

Ikeno, O. (2002). Motivating and demotivating factors in foreign language learning: A preliminary investigation. *Ehime University Journal of English Education Research*, 2, 1-19.

Kearney, Plax, & Burroughs. (1991). An attributional analysis of college students' resistance decisions. *Communication Education*, 40, 325-342.

Kikuchi, K. (2009). Listening to our learners' voices: What demotivates Japanese high school students? *Language Teaching Research*, 13 (1), 103-120.

Kikuchi, K., & Sakai, H. (2009). Japanese learners' demotivation to study English: A survey study. *JALT Journal*, 31 (2), 183-204.

Kline, R. B. (2005). *Principles and practice of structural equation modeling* (2nd ed.). New York: Guilford Press.

Kojima, S. (2004). *English learning demotivation in Japanese EFL students: Research in demotivational patterns from the qualitative research results of three different types of high schools*. Hyogo, Japan: Kwansei Gakuin University.

Kunnan, A. J. (1998). An introduction to structural equation modelling for language assessment research. *Language Testing*, 15 (3), 295-332.

Oxford, R. (1998). *The unraveling tapestry: Teacher and course characteristics associated with demotivation in the language classroom*. Paper presented at the TESOL 1998 Congress, Settle, Wa.

Rudnai. (1996). *Demotivation in learning English among secondary school students in Budapest.* (Unpublished MA Thesis), Eötvös University, Budapest, Hungary.

Sakai, H., & Kikuchi, K. (2009). An analysis of demotivators in the EFL classroom. *System*, 37 (1), 57-69.

Tabachnick, B. G. (2007). *Using multivariate statistics* (5th ed.). Boston: Pearson Education.

Trang, T. T. T., & Jr. Baldauf, R. B. (2007). Demotivation: Understanding resistance to English language learning—The case of Vietnamese students. *The Journal of Asia TEFL*, 4 (1), 79-105.

Tsuchiya, M. (2004a). Japanese university students' demotivation to study English. *The Chugoku Academic Society of English Language Education*, 34, 57-66.

Tsuchiya, M. (2004b). Factors in demotivation concerning learning English: A preliminary study of Japanese university students. *The Kyushu Academic Society of English Language Education (KASELE)*, 32, 39-46.

Tsuchiya, M. (2006a). Factors in demotivation of lower proficiency English learners at college. *The Kyushu Academic Society of English Language Education (KASELE)*, 34, 87-96.

Tsuchiya, M. (2006b). Profiling of lower achievement English learners at college in terms of demotivating factors. *Annual Review of English Language Education in Japan (ARELE)*, 17, 171-180.

Ushioda, E. (1998). Effective motivational thinking: A cognitive theoretical approach to the study of language learning motivation. In Soler, E. A. & Espurz,

V. C. (Eds.), *Current issues in English language methodology* Castello de la Plana: Universitat Jaume I , 77-89.

Warrington, S. D., & Jeffrey, D. M. (2005). A rationale for passivity and de-motivation revealed: An interpretation of inventory results among freshman English students. *Journal of Language and Learning*, 3 (2), 312-334.

Zhang, Q. (2007). Teacher misbehaviors as learning demotivators in college classrooms: A cross-cultural investigation in China, Germany, Japan, and the United States. *Communication Education*, 56 (2), 209-227.

安雪萍：《中学生英语厌学成因及对策校本实验研究》，载《中学英语之友》 2012 年 下旬刊， 第 51—52 页。

陈莹莹：《河南省农村初中英语教学现状》，载《国外外语教学》 2004 年 第 2 期，第 38—43 页。

丁晓晖：《基于中职生英语学习负动机问题的调查研究》，载《职业》 2010 年第 12 期，第 168—169 页。

高强、刘振前、王梅花，英语专业大学生学习动机消退成因探究。载《外语教学》 2014 年 第 35 卷第（2）期 ，第 50—54 页。

高一虹、赵媛、程英等：《中国大学本科生英语学习动机类型》，载《现代外语》 2003 年 第 1 期，第 28—38 页。

胡卫星、蔡金亭：《英语学习动机减退的模型构建》，载《外语教学》 2010 年第 3 期，第 41、44—49 页。

黄长锦：《浅谈中学生英语厌学的原因及解决策略》，载《教育研究》 2011 年第 1 期，第 10 页。

靳铁柱：《非英语专业大学生听力习得负动机因素研究》，载《北京交通大学学报 (社会科学版)》 2013 年 第 1 期，第 123—128 页。

李付银：《浅谈如何激发农村中学差生学好英语兴趣》，载《教育研究》 2012 年 ，第 153、155 页。

李琳：《大学英语学习者负动机内部影响因素实证研究》，载《解放军外国语学院学报》2013 年 第 2 期，第 65—69 页。

刘宏刚：《外语教学中的负动机研究：回顾与反思》，载《语言学研究》2009 年第 8 卷，第 182—191 页。

刘宏刚：《家长投资与初中生英语学习动机：社会阶层视角》，北京大学 2012 年博士论文。

刘宏刚：《学生英语学习中家长投资的实证研究》，论文出版中。

刘宏刚、应斌：《初中生英语学习动机减退影响因素模型的建构研究》，载《语言教育》2013 年 第 1 卷第 3 期，第 11—32 页。

罗琼：《提高农村学生学习英语的信心》，载《教学时空》2011 年 第 8 期，第 43 页。

罗运春：《情感因素在农村初级中学英语教学中的作用》，载《广西民族大学学报(哲学社会科学版)》2006 年 第 S2 期，第 104—106 页。

秦晓晴：《外语教学中的定量数据分析》，华中科技大学出版社 2003 年版。

饶素芳：《高职非英语专业学生大学英语学习动机削弱现象研究》，载《读与写(教育教学刊)》2011 年 第 5 期，第 43—44 页。

孙晓军、周宗奎：《探索性因子分析及其在应用中存在的主要问题》，载《心理科学》2005 年第 28 卷第 6 期，第 1440—1442 页。

孙云梅、雷蕾：《大学英语学习动机衰退影响因素研究》，载《外语研究》2013 年 第 5 期，第 57—65 页。

汤闻励：《非英语专业大学生英语学习“动机缺失”研究分析》，载《外语教学》2012 年 第 1 期，第 70—75 页。

田成泉：《提高农村英语教师队伍素质 促进农村教育均衡发展》，载《教育理论与实践》2013 年 第 34 期，第 37—38 页。

王琦、丁喜：《中国西部农村中学生英语学习焦虑的调查研究》，载《西北师大学报(社会科学版)》2001 年 第 5 期，第 68—73 页。

邬志辉、秦玉友编：《中国农村教育发展报告 2011》，北京师范大学出版社 2012 年版。

吴明隆：《问卷统计分析实务：SPSS 操作与应用》，重庆大学出版社 2011 年版。

徐锦芬、徐佳佳：《大学英语课堂学生动机削弱现象研究》，载杨连瑞著《中国二语习得研究（首届中国二语习得研究高层论坛报告）》，上海外语教育出版社 2013 年版，第 211—218 页。

扬·布鲁马特、高一虹、沙克·科霍恩：《探索全球化的社会语言学：中国情境的"移动性"》，载《语言教学与研究》2011 年第 6 期，第 1—8 页。

于佳凝：《高中生英语学习动机减退研究——以某地农村高中为例》，载《科技信息》2011 年第 33 期，第 389—390 页。

于莹：《远程网络教育英语学习者负动机因素与应对策略研究》，载《中国电化教育》2012 年第 9 期，第 48—53 页。

张文彤：《世界优秀统计工具 SPSS11 统计分析教程 (高级篇)》，北京希望电子出版社 2002 年版。

张霞霞：《浅谈农村中学生厌学英语的原因及对策》，载《中学英语之友·上旬刊》2012 年版，第 77—78 页。

中华人民共和国教育部：《义务教育英语课程标准（2001 版）》，北京师范大学出版社 2001 年版。

周慈波：《中日大学外语学习者负动机影响因子对比研究》，载《宁波大学学报 (人文科学版)》2012 年第 3 期，第 51—55 页。

周慈波、王文斌：《大学英语学习者负动机影响因子调查研究》，载《中国外语》2012 年第 1 期，第 48—55 页。

附录1：动机减退国内外文献分类

（分类截至2014年3月31日）

Ⅰ. 国外实证研究文献

Al-Ansari, S. H., & Lori, A. A. R. (1999). Motivational and attitudinal variables in foreign language learning: A comparative study of two learning groups. *J King Sand University Arts,* 1, 23-28.

Arai, K. (2004). What 'demotivates' language learners?: Qualitative study on demotivational factors and learners' reactions. *Bulletin of Toyo Gakuen University,* 12, 39-47.

Aydin, S. (2012). Factors causing demotivation in EFL teaching process: A case study. *The Qualitative Report 2012,* 17, 1-13.

Carpenter, C., Falout, J., Fukuda, T., Trovela, M., & Murphey, T. (2008). *Helping students repack for remotivation and agency*. Paper presented at the JALT2008 conference proceedings, Tokyo.

Chambers, G. (1993). Taking the 'de' out of demotivation. *Language Learning Journal,* 7 (1), 13-16.

Christophel, D. M. (1990). The relationships among teacher immediacy behaviors, student motivation, and learning. *Communication education,* 39, 323-340.

Christophel, D. M., & Gorham, J. (1995). A test-retest analysis of student motivation, teacher immediacy and perceived sources of motivation and demotivation in college classes. *Communication education,* 4 (44), 292-306.

Cohen, A. D., & Macaro., E.(Eds.). (2007). *Language learner strategies:Thirty years of research and practice*. Oxford ; New York: Oxford University Press.

Deci, E. L., & Ryan, R. M. (1985). *Intrinsic motivation and self-determination in human behavior*. New York: Plenum Press.

Dörnyei, Z. (1998). *Demotivation in foreign language learning*, Paper presented at the TESOL 98 Congress.Seattle,WA.

Dörnyei, Z. (2001). *Teaching and researching motivation* (1st ed.). Harlow: Longman.

Falout, J., & Falout, M. (2005, 2005-01-01). *The other side of motivation: Learner demotivation.*

Falout, J., Elwood, J., & Hood, M. (2009). Demotivation: Affective states and learning outcomes. *System,* 37 (3), 403-417.

Falout, J., & Maruyama, M. (2004). A comparative study of proficiency and learner demotivation. *The Language Teacher,* 28 (8), 3-9.

Ghadirzadeh, R. (2012). Demotivating factors for English language learning among university students. *Journal of Social Sciences,* 2 (8), 189-195.

Gorham, J., & Christophel, D. M. (1992). Students' perception of teacher behaviors as motivating and demotivating factors in college classes. *Communication Quarterly,* 40 (3), 239-252.

Gorham, J., & Millette, D. M. (1997). A comparative analysis of teacher and student perceptions of sources of motivation and demotivation in college classes. *Communication Quarterly,* 46 (4), 245-261.

Gorham, J., & Zakahi, W. R. (1990). A comparison of teacher and student perceptions of immediacy and learning: Monitoring process and product. *Communication Education,* 39, 354-368.

Hasegawa, A. (2004). Student demotivation in the foreign language classroom. *Takushoku Language Studies,* 107, 119-136.

Hu, R. S. (2011). The relationship between demotivation and EFL learners' English language proficiency. *English Language Teaching*, 4 (4).

Ikeno, O. (2002). Motivating and demotivating factors in foreign language learning: A preliminary investigation. *Ehime University Journal of English Education Research*, 2, 1-19.

Kearney, Plax, & Burroughs. (1991). An attributional analysis of college students' resistance decisions. *Communication Education*, 40, 325-342.

Kikuchi, K. (2009). Listening to our learners' voices: What demotivates Japanese high school students? *Language Teaching Research*, 13 (1), 103-120.

Kikuchi, K., & Sakai, H. (2009). Japanese learners' demotivation to study English: A survey study. *JALT Journal*, 31 (2), 183-204.

Kojima, S. (2004). *English learning demotivation in Japanese EFL students: Research in demotivational patterns from the qualitative research results of three different types of high schools*. Hyogo, Japan: Kwansei Gakuin University.

Lee, J., & Lee, C. (2011). Demotivating factors in learning English for elementary school students. *Primary English Education*, 1 (17), 327-356.

Legault, L., Green-Demers, I., & Pelletier, L. (2006). Why do high school students lack motivation in the classroom? Toward an understanding of academic amotivation and the role of social support. *Journal of Educational Psychology*, 98 (3), 567- 582.

Mahmud, Z., & Yaacob, M. (2007). The relationship of teacher's immediacy to student motivation and student learning: A literature analysis. *Jurnal Pendidikan*,

27, 91-101.

Meshkat, M., & Hassani, M. (2012). Demotivating factors in learning English: the case of Iran. *Procedia - Social and Behavioral Sciences*, 31, 745-749.

Muhonen, J. (2004). *Second language demotivation factors that discourage pupils from learning the English language* (Unpublished MA Thesis), University of Jyväskylä.

Oxford, R. (1998). *The unraveling tapestry: Teacher and course characteristics associated with demotivation in the language classroom*. Paper presented at the TESOL 1998 Congress, Settle, Wa.

Rudnai. (1996). *Demotivation in learning English among secondary school students in Budapest.* (Unpublished MA Thesis), Eötvös University, Budapest, Hungary.

Sakai, H., & Kikuchi, K. (2009). An analysis of demotivators in the EFL classroom. *System*, 37 (1), 57-69.

Trang, T. T. T., & Jr. Baldauf, R. B. (2007). Demotivation: Understanding resistance to English language learning—The case of Vietnamese students. *The Journal of Asia TEFL*, 4 (1), 79-105.

Tsuchiya, M. (2004a). Factors in demotivation concerning learning English: A preliminary study of Japanese university students. *The Kyushu Academic Society of English Language Education (KASELE)*, 32, 39-46.

Tsuchiya, M. (2004b). Japanese university students' demotivation to study English. *The Chugoku Academic Society of English Language Education, 34*, 57-66.

Tsuchiya, M. (2006a). Factors in demotivation of lower proficiency English learners at college. *The Kyushu Academic Society of English Language Education (KASELE)*, 34, 87-96.

Tsuchiya, M. (2006b). Profiling of lower achievement English learners at college in terms of demotivating factors. *Annual Review of English Language Education in Japan (ARELE)*, 17, 171-180.

Ushioda, E. (1998). Effective motivational thinking: A cognitive theoretical approach to the study of language learning motivation. In Soler, E. A. & Espurz, V. C. (Eds.), *Current Issues in English Language Methodology* Castello de la Plana: Universitat Jaume I ,77-89.

Warrington, S. D., & Jeffrey, D. M. (2005). A rationale for passivity and de-motivation revealed: An interpretation of inventory results among freshman English students. *Journal of Language and Learning*, 3 (2), 312-334.

Zhang, Q. (2007). Teacher misbehaviors as learning demotivators in college classrooms: A cross-cultural investigation in China, Germany, Japan, and the United States. *Communication Education*, 56 (2), 209-227.

Ⅱ．国内综述类文献

付雪蓉、章灵舒：《内地西藏学生英语学习动机缺失及教学策略》，载《湖南医科大学学报 (社会科学版)》 2009 年 第 1 期， 第 242—244 页。

李春燕：《高职高专学生英语学习动机缺失现象浅析》，载《商品与质量》 2010 年第 S8 期，第 151 页。

李绍鹏、田成泉：《国外二语习得动机衰竭研究现状》，载《中国海洋大学学报 (社会科学版)》 2011 年 第 2 期， 第 69—72 页。

刘建华：《英语学习动机减退研究现状述评》，载《中国校外教育》 2011 年 第 S1 期，第 51—52 页。

刘静：《英语专业大学生动机衰现象研究》，载《广东海洋大学学报》 2011 年 第 5 期，第 95—99 页。

刘湘：《高职院校学生英语学习动机缺失影响因素及提升策略》，载《读与写 (教育教学刊)》 2007 年第 10 期，第 25—26、146—147 页。

刘晓颖：《外语学习去动机研究现状与反思》，载《牡丹江教育学院学报》2012 年 第 6 期，第 99—100 页。

倪子君：《从“动机缺失”看大学英语结合 ESP 的必要性》，载《哈尔滨师范大学社会科学学报》 2012 年 第 5 期，第 161—163 页。

汤闻励：《国外“动机缺失”研究综述》，载《广东技术师范学院学报》2009 年第 10 期，第 89—92、140 页。

王静、胡建军：《多模态话语分析在英语学习动机减弱中的应用研究》，载《常州信息职业技术学院学报》2012 年第 2 期，第 67—70、74 页。

王静、岳琳：《输出假设理论对大学英语写作动机减弱影响研究》，载《长沙通信职业技术学院学报》 2012 年 第 1 期，第 81—84 页。

王鹃：《警务英语学习动机缺失现状研究及对策》，载《湖北警官学院学报》2012 年 第 11 期，第 188—190 页。

王蕾、曾洁：《动机衰竭理论研究现状》，载《四川教育学院学报》2009 年 第 6 期，第 91—93 页。

王丽波、崔淑娟：《商务英语学习动机减退现象研究》，载《太原城市职业技术学院学报》 2012 年第 8 期，第 129—130 页。

于向海：《国内有关学习动机缺失研究的综述》，载《北方文学（下旬）》2012 年第 11 期，第 234 页。

Ⅲ. 国内实证研究文献（载于 CSSCI 刊物）

高强、刘振前、王梅花：《英语专业大学生学习动机消退成因探究》，载《外语教学》 2014 年第 35 卷第 2 期，第 50—54 页。

胡卫星、蔡金亭：《英语学习动机减退的模型构建》，载《外语教学》2010 年第 3 期，第 41—44、49 页。

靳铁柱：《非英语专业大学生听力习得负动机因素研究》，载《北京交通大学学报（社会科学版）》 2013 年 第 1 期，第 123—128 页。

李琳：《大学英语学习者负动机内部影响因素实证研究》，载《解放军外国语学院学报》2013 年 第 2 期，第 65—69 页。

孙云梅、雷蕾：《大学英语学习动机衰退影响因素研究》，载《外语研究》2013 年 第 5 期，第 57—65 页。

汤闻励：《非英语专业大学生英语学习“动机缺失”研究分析》，载《外语教学》2012 年 第 1 期，第 70—75 页。

于莹：《远程网络教育英语学习者负动机因素与应对策略研究》，载《中国电化教育》2012 年 第 9 期，第 48—53 页。

周慈波、王文斌：《大学英语学习者负动机影响因子调查研究》，载《中国外语》2012 年 第 1 期，第 48—55 页。

Ⅳ. 国内实证研究文献（载于一般刊物）

邓妍祯：《大学英语学习动机减退问题初探》，载《长春理工大学学报》2011 年 第 9 期，第 140—141 页。

丁晓晖：《基于中职生英语学习负动机问题的调查研究》，载《职业》2010 年 第 12 期，第 168—169 页。

阚智文、孙文静：《高职行业英语教学中学生动机缺失因素分析》，载《广州职业教育论坛》2013 年 第 2 期，第 31—36 页。

李永秋、李小藏、陶丽蓉等：《理工科专业大学生英语学习动机缺失因素研究》，载《海外英语》2012 年 第 21 期，第 95—97 页。

梁良：《大学英语课堂中的动机削弱初探》，载《天津工程师范学院学报》2008 年 第 3 期，第 75—78 页。

刘建华：《高中生英语学习动机减退实证研究》，载《海外英语》2011 年 第 12 期，第 47—48 页。

刘建华：《高职院校学生英语学习动机减退实证研究》，载《现代阅读（教育版）》2012 年 第 1 期，第 55—57 页。

刘静：《英语专业大学生动机衰现象研究》，载《广东海洋大学学报》2011 年第 5 期，第 95—99 页。

米稳：《非英语专业大学生英语学习动机缺失因素研究》，载《海外英语》 2013 年 第 22 期，第 127—129 页。

潘立娟、肖雨晴：《商务英语学习中动机减退现象研究》，载《黑河学刊》2013 年第 3 期，第 153—154、161 页。

饶素芳：《高职非英语专业学生大学英语学习动机削弱现象研究》，载《读与写 (教育教学刊)》 2011 年 第 5 期，第 43—44 页。

田慧莉：《非英语专业大学生英语学习动机减退影响因素探讨》，载《长江大学学报 (社科版)》 2013 年 第 5 期，第 172—173 页。

王君、周乐乐：《英语分级教学中的学生去动机因素调查分析》，载《长春工程学院学报 (社会科学版)》 2012 年 第 4 期，第 107—109 页。

王丽波、崔淑娟：《商务英语学习动机减退现象研究》，载《太原城市职业技术学院学报》 2012 年 第 8 期，第 129—130 页。

吴巍：《大学艺体类学生英语学习的负动机研究》，载《海外英语》2013 年第 15 期，第 248—250 页。

徐锦芬、徐佳佳：《大学英语课堂学生动机削弱现象研究》，载杨连瑞：《中国二语习得研究（首届中国二语习得研究高层论坛报告）》，上海外语教育出版社 2013 版，第 211—218 页。

徐淑燕：《数字化环境下英语学习动机减退的现状及影响因素》，载《电子测试》 2013 年 第 22 期，第 213—214 页。

徐幽燕：《大学生英语学习动机缺失原因调查分析》，载《中国西部科技》2013 年 第 1 期，第 84—85 页。

杨丽娟：《非英语专业高低年级学生负动机对比研究》，载《陕西教育 (高教版)》 2013 年 第 11 期，第 37—39 页。

于佳凝：《高中生英语学习动机减退研究 —— 以某地农村高中为例》，载《科技信息》2011 年 第 33 期，第 389—390 页。

于莹：《远程网络教育英语学习者负动机因素与应对策略研究》，载《中国电化教育》2012 年 第 9 期，第 48—53 页。

张立国：《中医院校英语学习动机缺失调研及其对英语教学的启示》，载《长春中医药大学学报》2010 年 第 2 期，第 319—320 页。

张秀清、张健芳：《高职生英语学习负动机因素实证研究》，载《湖北师范学院学报 (哲学社会科学版)》2012 年 第 6 期，第 124—127 页。

周慈波：《中日大学外语学习者负动机影响因子对比研究》，载《宁波大学学报 (人文科学版)》2012 年 第 3 期，第 51—55 页。

庄小荣：《大学生英语学习动机削弱因素》，载《辽宁科技大学学报》2011 年 第 5 期，第 531—536 页。

Ⅴ. 国内各高校英语专业硕士论文

付志娟：《成教学生英语学习去动机因素研究》，西南大学 2010 年硕士论文。

关敏：《高中生英语学习动机减退因素的研究》，陕西师范大学 2011 年硕士论文。

何菲：《非英语专业大学生英语学习去动机的动态研究》，长春工业大学 2012 年硕士论文。

黄晓琼：《高职高专学生英语学习动机衰竭的调查研究》，安徽大学 2013 年硕士论文。

姜凡凡：《英语学习负动机及其影响因素研究》，山东大学 2013 年硕士论文。

孔哲琼：《大学英语学习负动机影响因素研究》，华北电力大学（河北）2009 年硕士论文。

来超：《大学生英语学习动机衰退现象调查与研究》，华中科技大学2011年硕士论文。

李娜：《对英语学习动机问题的探究：低动机强度，动机降低及无动机》，太原理工大学2007年硕士论文。

李倩：《大学英语学习动机衰竭因素的调查研究》，沈阳师范大学2013年硕士论文。

刘佳：《关于非英语专业学生学习动机减退因素的研究》，重庆师范大学2011年硕士论文。

刘建华：《高职非英语专业学生英语学习动机减退研究》，山东农业大学2012年硕士论文。

潘铮：《非英语专业硕士研究生英语学习动机减退因素的研究》，南昌航空大学2011年硕士论文。

潘正凯：《高职院校英语学习者动机衰退现象研究》，浙江师范大学2009年硕士论文。

孙建军：《非英语专业大学生英语学习负动机个案研究》，东北师范大学2011年硕士论文。

王壮琴：《高中生英语学习去动机的研究》，中北大学2011年硕士论文。

徐佳佳：《大学英语课堂学生动机削弱现象研究》，华中科技大学2011年硕士论文。

杨艳：《动机缺失背后隐藏着什么》，浙江大学2008年硕士论文。

余洁：《高中生英语学习去动机主要因素的研究》，扬州大学2012年硕士论文。

张爱萍：《高中生英语学习负动机因素研究》，扬州大学2012年硕士论文。

张华丽：《中国大学英语学习中的教师去动机因素》，西南大学2010年硕士论文。

张翼：《语言教师对外语课堂上学生负动机行为的反思》，西南大学2007年硕士论文。

张哲：《非英语专业大学生英语学习动机减退因素的研究》，吉林大学2007年硕士论文。

章灵舒：《内地西藏学生英语学习动机缺失及对策的实证研究》，湖南师范大学2006年硕士论文。

附录 2：第一次预研究问卷

初中生英语学习动机减退情况调查

同学：

你好！

诚挚地邀请你参加一项有关"初中生英语学习动机减退情况"的问卷调查。调查旨在对目前中学生英语学习动机情况做较为全面的了解，为今后的中学英语教学和改革提供参考数据。问卷不署名，我承诺对问卷保密。感谢你支持本项研究！

项目负责人：刘宏刚

（北京大学英语系博士，东北师范大学外国语学院硕士生导师）

********** *********** ********** ********** ********** ********** **

下面哪种描述符合你的实际情况？请在符合的选项前的数字下打 √（单选）。

我一直都很不喜欢学英语。

我对英语学习一直兴趣不太高。

我以前喜欢学英语，现在越来越不爱学了。

我原来不喜欢学英语，现在越来越爱学了。

我对英语学习一直保持较高的兴趣。

我一直都非常喜欢学英语。

****

性别 1. 男　2. 女　　　年级 1. 初一　2. 初二　　　学校名称 ____________

********** *********** ********** ********** ********** ********** **

请根据自己的实际做法在相应的选项上打 √。

题号	问题内容	完全符合 100	大多数符合 80	有点符合 60	不太符合 40	大多数不符合 20	完全不符合 0
1	英语老师上课基本上用汉语讲课。	6	5	4	3	2	1
2	父母英语不好（甚至不会英语）也能赚钱养家，我以后也可以这样。	6	5	4	3	2	1
3	汉语干扰我的英语学习。	6	5	4	3	2	1
4	看不懂英语文章我会很着急。	6	5	4	3	2	1
5	英语老师英文板书写得不好。	6	5	4	3	2	1
6	父母几乎不会英语，所以无法陪我练习英语口语。	6	5	4	3	2	1
7	我课外使用英语的机会少。	6	5	4	3	2	1
8	我对自己的英语学习不自信。	6	5	4	3	2	1
9	家里条件有限，父母没给我报英语辅导班。	6	5	4	3	2	1
10	英语老师对所有学生一视同仁。	6	5	4	3	2	1
11	英语老师上课很少组织我们做游戏、搞活动。	6	5	4	3	2	1
12	我觉得学好汉语就够了，没有必要学英语。	6	5	4	3	2	1
13	家里条件有限，父母没给我购买英语辅导书等学习材料。	6	5	4	3	2	1
14	英语课教学老师不使用多媒体（如电脑、投影灯）进行教学。	6	5	4	3	2	1
15	英语老师上课给我们讲英美国家文化和风土人情（如名胜古迹等）。	6	5	4	3	2	1
16	我喜欢汉语，不喜欢英语。	6	5	4	3	2	1
17	英语课拖堂，不按时下课。	6	5	4	3	2	1
18	我英语成绩是所有科目中最差的，所以我很灰心。	6	5	4	3	2	1
19	英语对于我以后找工作不会有太大帮助。	6	5	4	3	2	1
20	英语老师在我的英语学习方面给了很多鼓励。	6	5	4	3	2	1
21	学校的教学设备陈旧，不利于外语教学。	6	5	4	3	2	1
22	英语老师上课内容没意思。	6	5	4	3	2	1
23	我在英语学习方面没有达到老师的要求，自信心受到打击。	6	5	4	3	2	1

续表

题号	问题内容	完全符合 100	大多数符合 80	有点符合 60	不太符合 40	大多数不符合 20	完全不符合 0
24	英语课上人太多。	6	5	4	3	2	1
25	英语老师的英语知识掌握得不好（如讲错知识点）。	6	5	4	3	2	1
26	父母不鼓励我学英语。	6	5	4	3	2	1
27	英语教材对我来说不难学。	6	5	4	3	2	1
28	英语课的作业太多。	6	5	4	3	2	1
29	英语课文不好学（如课文长、生词多）。	6	5	4	3	2	1
30	英语老师单词掌握不好（如经常写错单词）。	6	5	4	3	2	1
31	英语教材的内容贴近现实生活，例如外国人的节日、校园生活等。	6	5	4	3	2	1
32	英语老师发音不标准。	6	5	4	3	2	1
33	英语老师给我一些英语学习方面的有用的建议。	6	5	4	3	2	1
34	英语考试的时候，我感到紧张。	6	5	4	3	2	1
35	英语老师和蔼可亲、容易接近。	6	5	4	3	2	1
36	我所在的班级没有学习英语的氛围。	6	5	4	3	2	1
37	英语老师很有教学热情。	6	5	4	3	2	1
38	上英语课回答不出老师的提问，我很紧张。	6	5	4	3	2	1
39	家里条件有限，我没有录音机、英语电子词典等学习英语用的电子产品。	6	5	4	3	2	1
40	英语老师很谦虚（如遇到自己讲错的地方会及时纠正）。	6	5	4	3	2	1
41	父母无法辅导我的英语学习。	6	5	4	3	2	1
42	英语老师认真负责。	6	5	4	3	2	1
43	我对英语的了解大多来自课本，没有切身体验，比如没和外国人交流过、没出过国等。	6	5	4	3	2	1
44	英语国家的文化对我有不好的影响。	6	5	4	3	2	1
45	英语老师耐心解答我的问题。	6	5	4	3	2	1
46	父母说学好汉语就行了，英语学不学无所谓。	6	5	4	3	2	1
47	教材的课文练习多。	6	5	4	3	2	1
48	英语老师上课不用英语和学生交流。	6	5	4	3	2	1

续表

题号	问题内容	完全符合 100	大多数符合 80	有点符合 60	不太符合 40	大多数不符合 20	完全不符合 0
49	我在英语学习方面没有达到父母的期望，自信心受挫。	6	5	4	3	2	1
50	我的好朋友不爱学英语，我也不爱学。	6	5	4	3	2	1
51	英语老师上课节奏有点快。	6	5	4	3	2	1
52	我觉得爱国就不要学英语。	6	5	4	3	2	1
53	英语老师所讲的内容不容易理解。	6	5	4	3	2	1
54	英语老师因为学生没学好英语挖苦学生。	6	5	4	3	2	1
55	英语教材的配套学习资料较少。	6	5	4	3	2	1
56	我家里没有英语学习的氛围，如看不到英文原版的电影 / 动画片。	6	5	4	3	2	1
57	英语小测验太多。	6	5	4	3	2	1
58	英语学习对我汉语表达能力有负面影响。	6	5	4	3	2	1
59	我逃英语课。	6	5	4	3	2	1
60	英语课上，我无法集中精力。	6	5	4	3	2	1
61	我不预习英语课文。	6	5	4	3	2	1
62	英语课上，我睡觉、开小差。	6	5	4	3	2	1
63	我课后主动复习单词，背单词。	6	5	4	3	2	1
64	我课后主动阅读课外英文材料。	6	5	4	3	2	1
65	我课后主动练习英语写作。	6	5	4	3	2	1
66	我不按照英语老师的要求完成课堂活动。	6	5	4	3	2	1
67	上英语课，表面上我在听课，实际上我在想别的。	6	5	4	3	2	1
68	英语课上，我做和学习无关的事。	6	5	4	3	2	1
69	英语课上，我看其他科目的材料。	6	5	4	3	2	1
70	我课后主动练习英语听力。						

请写出最影响你英语学习的 3 个负面因素。

附录 3：第二次预研究 / 正式研究问卷

初中生英语学习动机减退情况调查

同学：

你好！

诚挚地邀请你参加一项有关"初中生英语学习动机减退情况"的问卷调查。

调查旨在对目前中学生英语学习动机情况做较为全面的了解，为今后的中学英语教学和改革提供参考数据。问卷不署名，我承诺对问卷保密。感谢你支持本项研究！

项目负责人：刘宏刚

（北京大学英语系博士，东北师范大学外国语学院硕士生导师）

********** *********** ********** ********** ********** ********** ***

下面哪种描述符合你的实际情况？请在符合的选项前的数字下打 √（单选）。

我一直都很不喜欢学英语。

我对英语学习一直兴趣不太高。

我以前喜欢学英语，现在越来越不爱学了。

我对英语学习一直保持较高的兴趣。

我一直都非常喜欢学英语。

****

性别 1.男 2.女　　　　　　年级 1.初一 2.初二 3.初三

********** *********** ********** ********** ********** ********** ***

每项内容后设有一组数字"6、5、4、3、2、1"，分别代表调查内容与本人实际情况相符合的程度。其中：

6＝完全符合我的情况（100）；　5＝大多数情况下符合我的情况（80）；

4＝有点符合我的情况（60）；　3＝不太符合我的情况（40）；

2＝大多数情况下不符合我的情况（20）；1＝完全不符合我的情况（0）。

请根据自己的实际做法在相应的选项上打√。

题号	问题内容	完全符合 100	大多数符合 80	有点符合 60	不太符合 40	大多数不符合 20	完全不符合 0
1	没有完成老师布置的英语学习任务，我会感到紧张。	6	5	4	3	2	1
2	教我的英语老师英文板书写得不好。	6	5	4	3	2	1
3	父母几乎不会英语，所以无法陪我练习英语口语。	6	5	4	3	2	1
4	我对自己的英语学习不自信。	6	5	4	3	2	1
5	家里条件有限，父母没给我报英语辅导班。	6	5	4	3	2	1
6	教我的英语老师对所有学生一视同仁。	6	5	4	3	2	1
7	我觉得学好汉语就够了，没有必要学英语。	6	5	4	3	2	1
8	家里条件有限，父母没给我购买英语辅导书等学习材料。	6	5	4	3	2	1
9	英语课教学老师不使用多媒体（如电脑、投影灯）进行教学。	6	5	4	3	2	1
10	我英语成绩是所有科目中最差的，所以我很灰心。	6	5	4	3	2	1
11	英语对于我以后找工作不会有太大帮助。	6	5	4	3	2	1
12	教我的英语老师在英语学习方面给了我很多鼓励。	6	5	4	3	2	1
13	学校的教学设备陈旧，不利于外语教学。	6	5	4	3	2	1
14	教我的英语老师上课讲的内容没意思。	6	5	4	3	2	1
15	我在英语学习方面没有达到老师的要求，自信心受到打击。	6	5	4	3	2	1
16	教我的英语老师，英语知识掌握得不好（如讲错知识点）。	6	5	4	3	2	1
17	父母不鼓励我学英语。	6	5	4	3	2	1

续表

题号	问题内容	完全符合 100	大多数符合 80	有点符合 60	不太符合 40	大多数不符合 20	完全不符合 0
18	英语教材对我来说不难学。	6	5	4	3	2	1
19	英语课的作业太多。	6	5	4	3	2	1
20	英语课文不好学（如课文长、生词多）。	6	5	4	3	2	1
21	教我的英语老师单词掌握不好（如经常写错单词）。	6	5	4	3	2	1
22	教我的英语老师发音不标准。	6	5	4	3	2	1
23	英语考试的时候，我感到紧张。	6	5	4	3	2	1
24	教我的英语老师和蔼可亲、容易接近。	6	5	4	3	2	1
25	教我的英语老师很有教学热情。	6	5	4	3	2	1
26	上英语课回答不出老师的提问，我很紧张。	6	5	4	3	2	1
27	家里条件有限，我没有录音机、英语电子词典等学习英语用的电子产品	6	5	4	3	2	1
28	父母无法辅导我的英语学习。	6	5	4	3	2	1
29	英语国家的文化对我有不好的影响。	6	5	4	3	2	1
30	教我的英语老师耐心解答我的问题。	6	5	4	3	2	1
31	父母说学好汉语就行了，英语学不学无所谓。	6	5	4	3	2	1
32	英语小测验太多。	6	5	4	3	2	1
33	教材的课文练习多。	6	5	4	3	2	1
34	教我的英语老师上课不用英语和学生交流。	6	5	4	3	2	1
35	我在英语学习方面没有达到父母的期望，自信心受挫。	6	5	4	3	2	1
36	我的好朋友不爱学英语，我也不爱学。	6	5	4	3	2	1
37	我觉得爱国就不要学英语。	6	5	4	3	2	1
38	英语教材的配套学习资料较少。	6	5	4	3	2	1
39	学英语对我学汉语有负面影响。	6	5	4	3	2	1
40	如果教我的英语老师不要求，我不会主动预习课文。	6	5	4	3	2	1
41	上完英语课，我不主动复习所学的知识。	6	5	4	3	2	1
42	我不按时完成英语作业。	6	5	4	3	2	1
43	英语课上，我睡觉、开小差。	6	5	4	3	2	1
44	我课后主动复习单词，背单词。	6	5	4	3	2	1

续表

题号	问题内容	完全符合 100	大多数符合 80	有点符合 60	不太符合 40	大多数不符合 20	完全不符合 0
45	我课后主动阅读课外英文材料。	6	5	4	3	2	1
46	我课后主动练习英语写作。	6	5	4	3	2	1
47	我不按照英语老师的要求完成课堂活动。	6	5	4	3	2	1
48	上英语课，表面上我在听课，实际上我在想别的。	6	5	4	3	2	1
49	英语课上，我做和学习无关的事。	6	5	4	3	2	1
50	英语课上，我看其他科目的材料。	6	5	4	3	2	1
51	我课后主动练习英语听力。	6	5	4	3	2	1

请写出最影响你英语学习的 3 个负面因素。

附录4：正式研究中各校样本分布

表1　各校有效人数和该人数占该地区总人数的百分比分布表

学校所在地区	学校名称	人数	占地区总数百分比
中部地区	安徽省亳州市谯城区风华中学	125	15.9
	安徽省亳州市谯城区建安中学	120	15.3
	安阳市内黄县实验中学	65	8.3
	河南省周口市淮阳县明德实验学校	138	17.6
	安徽省亳州市谯城区德忠中学	117	14.9
	安徽省亳州市谯城区沙土中学	110	14.0
	河南省洛阳市栾川县外国语中学	109	13.9
	地区总人数	784	100.0
西部地区	重庆市西南大学附属中学	157	13.5
	重庆市北碚区柳荫中学	160	13.8
	广西贺州富川县一中	32	2.8
	广西贺州富川县二中	184	15.8
	广西贺州富川县麦岭中学	122	10.5
	广西贺州富川县葛坡中学	106	9.1
	陕西省榆林市靖边县东坑中学	156	13.4
	陕西省榆林市靖边县小河中学	108	9.3
	内蒙赤峰市元宝山区实验中学	54	4.6
	内蒙赤峰市山前中学	83	7.1
	地区总人数	1162	100.0

表 2　中西部地区县城重点、一般中学男女生在各年级分布人数和百分比

	县城重点												县城一般											
	一年级				二年级				三年级				一年级				二年级				三年级			
	男		女		男		女		男		女		男		女		男		女		男		女	
	n	%	*n*	%	*n*	%	*n*	%	*n*	%	*n*	%	*n*	%	*n*	%	*n*	%	*n*	%	*n*	%	*n*	%
中部地区	49	75.38	33	61.11	34	73.91	25	55.56	15	57.69	18	75	32	62.75	21	34.43	32	52.46	14	17.5	25	39.06	14	15.91
西部地区	16	24.62	21	38.89	12	26.09	20	44.44	11	42.31	6	25	19	37.25	40	65.57	29	47.54	66	82.5	39	60.94	74	84.09
合计	65	100	54	100	46	100	45	100	26	100	24	100	51	100	61	100	61	100	80	100	64	100	88	100

表 3　中西部地区镇重点、一般中学男女生在各年级分布人数和百分比

	镇重点												镇一般											
	一年级				二年级				三年级				一年级				二年级				三年级			
	男		女		男		女		男		女		男		女		男		女		男		女	
	n	%	*n*	%	*n*	%	*n*	%	*n*	%	*n*	%	*n*	%	*n*	%	*n*	%	*n*	%	*n*	%	*n*	%
中部地区	17	25.37	31	38.75	19	25.68	19	35.85	18	31.03	13	20.63	19	29.69	12	28.57	21	41.18	17	30.36	29	42.65	12	27.91
西部地区	50	74.63	49	61.25	55	74.32	34	64.15	40	68.97	50	79.37	45	70.31	30	71.43	30	58.82	39	69.64	39	57.35	31	72.09
合计	67	100.00	80	100.00	74	100.00	53	100.00	58	100.00	63	100.00	64	100.00	42	100.00	51	100.00	56	100.00	68	100.00	43	100.00

表 4　中西部地区城市重点、一般中学男女生在各年级分布人数和百分比

	城市重点												城市一般											
	一年级				二年级				三年级				一年级				二年级				三年级			
	男		女		男		女		男		女		男		女		男		女		男		女	
	n	%	*n*	%	*n*	%	*n*	%	*n*	%	*n*	%	*n*	%	*n*	%	*n*	%	*n*	%	*n*	%	*n*	%
中部地区	28	45.16	18	34.62	17	42.50	24	53.33	19	44.19	19	47.50	12	31.58	21	39.62	27	50.00	20	40.82	21	47.73	19	45.24
西部地区	34	54.84	34	65.38	23	57.50	21	46.67	24	55.81	21	52.50	26	68.42	32	60.38	27	50.00	29	59.18	23	52.27	23	54.76
合计	62	100.00	52	100.00	40	100.00	45	100.00	43	100.00	40	100.00	38	100.00	53	100.00	54	100.00	49	100.00	44	100.00	42	100.00

附录 5：正式研究中因子分析前的数据描述性统计

题项最大值、最小值、均值、标准差、偏度和峰度一览表

题项	Minimum	Maximum	Mean	Std. Deviation	Skewness	Kurtosis
an1 学习者焦虑	1	6	4.47	1.697	－.404	－1.602
an2 教师基本功	1	6	5.20	1.203	－1.379	0.711
an3 父母辅导	1	6	4.95	1.483	－0.989	－0.647
an4 学习者自信	1	6	4.44	1.501	－0.276	－1.473
an5 经济支持	1	6	5.14	1.311	－1.244	0.115
an6 教师责任心	1	6	5.31	1.142	－1.576	1.333
an7 语言态度	1	6	5.27	1.197	－1.446	0.789
an8 经济支持	1	6	5.28	1.179	－1.495	1.029
an9 教师教学内容	2	6	5.24	1.301	－1.477	0.698
an10 学习者自信	2	6	4.81	1.413	－0.724	－0.963
an11 语言态度	2	6	5.00	1.306	－0.991	－0.371
an12 教师责任心	2	6	4.90	1.267	－0.845	－0.479
an13 学习设备	2	6	5.07	1.274	－1.083	－0.147
an14 教师教学内容	1	6	4.96	1.318	－0.964	－0.416
an15 学习者自信	1	6	4.53	1.447	－0.413	－1.291
an16 教师基本功	2	6	5.54	0.938	－1.260	1.593
an17 语言态度	2	6	5.64	0.919	－1.652	1.286
an18 学习者自信	2	6	4.34	1.477	－0.261	－1.377
an19 教师教学内容	2	6	4.62	1.317	－0.460	－1.056
an20 课程	2	6	4.54	1.448	－0.411	－1.316

续表

题项	Minimum	Maximum	Mean	Std. Deviation	Skewness	Kurtosis
an21 教师基本功	1	6	5.45	1.061	− 1.024	1.199
an22 教师基本功	1	6	5.41	1.105	− 1.977	1.968
an23 学习者焦虑	1	6	4.54	1.528	− 0.470	− 1.347
an24 教师责任心	1	6	5.00	1.263	− 1.009	− .185
an25 教师责任心	1	6	5.09	1.187	− 1.089	0.048
an26 学习者焦虑	1	6	4.55	1.584	− 0.472	− 1.417
an27 经济支持	1	6	5.16	1.299	− 1.305	0.297
an28 父母辅导	1	6	5.05	1.412	− 1.143	− 0.240
an29 语言态度	2	6	5.19	1.219	− 1.297	0.388
an30 教师责任心	2	6	5.15	1.197	− 1.257	0.450
an31 语言态度	2	6	5.45	1.122	− 1.998	1.810
an32 学习内容	2	6	4.57	1.359	− 0.393	− 1.188
an33 学习内容	1	6	4.44	1.401	− 0.290	− 1.273
an34 教师教学内容	2	6	4.90	1.359	− 0.872	− 0.636
an35 学习者自信	2	6	4.72	1.411	− 0.601	− 1.111
an36 语言态度	2	6	5.25	1.214	− 1.448	0.798
an37 语言态度	2	6	5.47	1.067	− 1.993	1.910
an38 课程	2	6	4.82	1.338	− 0.736	− 0.817
an39 语言态度	2	6	5.27	1.215	− 1.539	1.086
an40 课后	1	6	2.98	1.823	0.390	− 1.251
an41 课后	1	6.0	3.888	1.8014	− 0.289	− 1.282
an42 课后	1	6	4.86	1.635	− 1.243	0.210
an43 课堂	1	6	2.01	1.439	1.351	0.754
an44 课后	1	6	3.40	1.744	0.046	− 1.277
an45 课后	1	6	3.19	1.688	0.226	− 1.162
an46 课后	1	6	2.99	1.685	0.412	− 1.036
an47 课堂	1	6	2.05	1.440	1.259	0.528
an48 课堂	1	6	2.22	1.531	1.088	0.056
an49 课堂	1	6	1.89	1.323	1.532	1.536
an50 课堂	1	6	1.70	1.236	1.916	1.984
an51 课后	1	6	2.86	1.744	0.484	− 1.066

附录 6：正式研究中各因子内在信度值

（总体 =0.850）

表 1　语言态度因子内在信度值

	Scale Mean if Item Deleted	*Scale Variance if Item Deleted*	*Corrected Item -Total Correlation*	*Cronbach's Alpha if Item Deleted*
an11 语言态度	37.54	25.044	0.446	0.742
an29 语言态度	37.35	25.304	0.472	0.737
an37 语言态度	37.07	25.794	0.521	0.729
an39 语言态度	37.27	25.600	0.447	0.741
an7 语言态度	37.27	25.746	0.445	0.742
an31 语言态度	37.09	26.043	0.461	0.739
an36 语言态度	37.29	25.094	0.494	0.732
an17 语言态度	36.90	27.650	0.422	0.746
维度内在信度值	—	—	—	0.763

表 2　学习者自信心因子内在信度值

	Scale Mean if Item Deleted	*Scale Variance if Item Deleted*	*Corrected Item -Total Correlation*	*Cronbach's Alpha if Item Deleted*
an10 学习者自信心	18.03	14.994	0.434	0.576
an4 学习者自信心	18.40	15.059	0.380	0.602
an15 学习者自信心	18.31	14.995	0.415	0.584
an18 学习者自信心	18.51	15.404	0.358	0.612
an35 学习者自信心	18.13	15.285	0.405	0.590
维度内在信度值	—	—	—	0.645

表3　教师责任心因子内在信度值

	Scale Mean if Item Deleted	*Scale Variance if Item Deleted*	*Corrected Item -Total Correlation*	*Cronbach's Alpha if Item Deleted*
an24 教师责任心	15.14	7.686	0.558	0.632
an25 教师责任心	15.05	8.021	0.559	0.634
an30 教师责任心	14.99	8.239	0.512	0.661
an12 教师责任心	15.24	8.471	0.422	0.714
维度内在信度值	—	—	—	0.723

表4　教师基本功因子内在信度值

	Scale Mean if Item Deleted	*Scale Variance if Item Deleted*	*Corrected Item -Total Correlation*	*Cronbach's Alpha if Item Deleted*
an2 教师基本功	16.40	5.601	0.375	0.636
an21 教师基本功	16.15	5.502	0.514	0.532
an22 教师基本功	16.19	5.806	0.405	0.608
an16 教师基本功	16.07	6.137	0.466	0.573
维度内在信度值	—	—	—	0.655

表5　经济支持因子内在信度值

	Scale Mean if Item Deleted	*Scale Variance if Item Deleted*	*Corrected Item -Total Correlation*	*Cronbach's Alpha if Item Deleted*
an8 经济支持	10.30	4.305	0.363	0.416
an27 经济支持	10.42	4.051	0.331	0.464
an5 经济支持	10.44	3.913	0.354	0.426
维度内在信度值	—	—	—	0.536

表 6　动机减退影响因素整体内在信度值

	Scale Mean if Item Deleted	*Scale Variance if Item Deleted*	*Corrected Item -Total Correlation*	*Cronbach's Alpha if Item Deleted*
an37 语言态度	136.25	225.697	0.424	0.837
an7 语言态度	136.45	224.633	0.401	0.838
an36 语言态度	136.47	221.935	0.471	0.835
an31 语言态度	136.27	225.599	0.403	0.838
an39 语言态度	136.45	223.710	0.420	0.837
an29 语言态度	136.53	221.879	0.471	0.836
an11 语言态度	136.72	220.966	0.458	0.836
an17 语言态度	136.08	229.410	0.366	0.839
an10 学习者自信	136.91	222.308	0.383	0.838
an4 学习者自信	137.28	224.226	0.311	0.841
an15 学习者自信	137.19	222.250	0.373	0.839
an18 学习者自信	137.38	224.655	0.307	0.841
an35 学习者自信	137.00	220.500	0.428	0.837
an24 教师责任心	136.73	224.473	0.380	0.838
an25 教师责任心	136.63	224.180	0.418	0.837
an30 教师责任心	136.57	222.787	0.454	0.836
an12 教师责任心	136.82	224.627	0.374	0.839
an2 教师基本功	136.52	226.857	0.335	0.840
an3 父母辅导	136.77	230.819	0.165	0.847
an28 父母辅导	136.67	228.729	0.228	0.844
an33 学习内容	137.28	223.431	0.359	0.839
an32 学习内容	137.15	225.227	0.328	0.840
an21 教师基本功	136.27	224.744	0.458	0.836
an22 教师基本功	136.31	227.003	0.367	0.839
an16 教师基本功	136.19	227.353	0.432	0.838
an8 经济支持	136.44	226.683	0.348	0.839
an27 经济支持	136.56	225.755	0.333	0.840
an5 经济支持	136.58	225.969	0.324	0.840
维度内在信度值	—	—	—	0.844

表7　课后动机行为因子内在信度值

	Scale Mean if Item Deleted	Scale Variance if Item Deleted	Corrected Item -Total Correlation	Cronbach's Alpha if Item Deleted
an44 课后	9.04	19.029	0.631	0.812
an45 课后	9.25	17.875	0.766	0.752
an46 课后	9.45	18.706	0.695	0.784
an51 课后	9.57	19.493	0.593	0.829
维度内在信度值	—	—	—	0.838

表8　课堂动机行为因子内在信度值

	Scale Mean if Item Deleted	Scale Variance if Item Deleted	Corrected Item -Total Correlation	Cronbach's Alpha if Item Deleted
an43 课堂	20.01	20.624	0.545	0.811
an47 课堂	20.04	20.590	0.561	0.806
an48 课堂	20.22	18.620	0.680	0.770
an49 课堂	19.87	19.756	0.715	0.763
an50 课堂	19.69	21.350	0.607	0.794
维度内在信度值	—	—	—	0.824

后　　记

当我在键盘上敲击完最后一个字符，完成平生以来第一本专著的时候，一时间觉得自己像是完成了一件不可思议的事情，感觉时间过得特别快，用当下最为流行的一句话来形容就是：时间都去哪儿了？是啊，时间去哪儿了？

我对动机减退研究的兴趣始于2009年夏，当时我正在北京大学英语系师从高一虹教授攻读博士学位。时逢四下探寻博士论文题目之际，偶然间读到Dörnyei（2001）里“demotivation”一章时，突然对此萌生出了一些想法。于是自己花了近一个月的时间搜集齐了发表在重要刊物上的国内外相关文献。那一个月的时间里，自己几乎每天都是在北大图书馆四楼的读书厢里度过的。在导师的鼓励和指导下，我完成了国内第一篇关于动机减退的综述性论文（该文发表在《语言学研究》杂志2009年第八辑上）。虽然最终的博士论文选题与动机减退关系不大，但这次经历为日后的项目申请，研究的继续打下了牢固的基础。

如今，项目近尾声。回首过去的岁月，我忘不了团队成员的通力协作，忘不了导师、同事、朋友的支持，大家的帮助深深地印在了我的记忆中：

我的导师，北京大学外国语言学及应用语言学研究所所长高一虹教授在英语学习动机研究上给予了我悉心指导。2009年盛夏与她在动机减退方面的探讨，加深了我对问题的理解，开拓了我的研究视野。

课题组的4位成员为课题的开展付出了艰辛劳动：广西师范大学外国语学院朱神海副教授亲自驱车100多里，深入贺州市富川县采集数据；西南大学附属中学的应斌老师克服教学任务重等困难，联系学校，收集数据；徐浩博士、周慈波副教授在研究设计和数据分析方面提供了支持。

东北师范大学外国语学院院长林正军教授和南开大学外国语学院英语系主任张文忠教授作为项目申请的推荐人，对申报书提出了宝贵建议。东北师范大学外国语学院刘永兵教授、林正军教授、高瑛教授和吉林大学公共外语教育学院王冰副教授参加了本项目的开题和中期检查，并提出了中肯建议。

南京市66中学的章玉芳老师，扬州市宝应县英语教研室的孙涛老师，沈阳市第180中学的梁玉璧老师，抚松县教师进修学校的郭宪军校长、英语教研员于平老师、滕怀祥主任，抚松县仙人桥镇中学孟凡杰校长，抚松县实验中学的范永菊主任，东北师范大学附属中学明珠校区的王子龙老师，东北师范大学外语学院刘丽艳副教授，安徽省亳州市第一中学南校的高理想老师，内蒙古自治区赤峰市平煤高中的付向东老师，陕西省榆林靖边县靖边七中的王晓俊老师，帮助课题组完成了从预测到正式研究的问卷调查工作。

研究的顺利完成离不开我的“助手”们：我的第一届全日制硕士研究生——东北师范大学外国语学院2013级学科英语教学方向的焦敏、张静超、郑晓婷、崔佳逊；外国语言学及应用语言学方向的研究生李寒茜、王岩。2012级英语课程与教学论方向的硕士研究生张梦莹、关靓；2010级本科生王蒙、2012级本科生尹旭澈同学也加入了“助研”的行列。这些同学与我一道共同完成了所有问卷的录入工作。

汕头大学文学院英语系彭剑娥博士在统计方面给予了我悉心指点。国防科技大学人文社会科学学院的胡卫星博士和解放军外国语学院英语系蔡金亭教授赠予了他们研究时所用的相关问卷以供课题组参考。华中科技大学外国语学院徐锦芬教授及时发来了她与徐佳佳所写的有关动机减退的论文供本书综述所用。

东北师范大学外国语学院张绍杰教授主持的“东北师范大学‘十一五’哲学社会科学行动计划建设项目——创新团队建设项目外国语言文学理论与应用专题研究”对本书出版提供了资助。东北师范大学外国语学院仇云龙老师帮忙联系了出版社；中国出版集团世界图书出版广东有限公司学术出版中心宋焱女士在时间紧、任务重的情况下，完成了本书的策划和出版工作。

没有这些师长、朋友的关心和鼎力支持，也就没有项目的完成和本书的顺利出版，在此我对他们表示深深的谢意！

本书的出版，对我来说是一个新的起点。路漫漫其修远兮，吾将上下而求索！

刘宏刚

2014 年 3 月